サーバント・リーダーシップの原則
—権力によらないリーダーシップ—

THE WORLD'S MOST POWERFUL LEADERSHIP PRINCIPLE
How to Become a Servant Leader

ジェームズ・ハンター 著
James C. Hunter

嵯峨根 克人 訳
豊田 信行 監訳

地引網出版

This edition published by arrangement with Crown Currency,
an imprint of the Crown Publishing Group, a division of Penguin Random House LLC,
through Japan UNI Agency, Inc., Tokyo

人を導くことは仕えることであると
最初に教えてくださったあの方へ

推薦の言葉

「サーバント・リーダーシップ」の有効性はリーダーシップに造詣のある人にはよく知られているが、実践に関しては極めて限定的である。縦社会の日本では上意下達の指示命令が徹底されていて、上司が部下に「仕える」という概念が組織風土に合わないと判断されるからだろう。しかし本書は、そのような誤解を解いてくれる。

日本人は勤勉な国民だと評されるが、仕事へのエンゲージメント（自発的に貢献する意志）は先進国のなかで常に下位にランクされている。エンゲージメントの低さは行政組織にも営利組織にも蔓延している。

リーダーは組織の改革を断行しようとするとき、輝かしいビジョンを掲げ、緻密な戦略を立て、構成員の士気を高めようとする。しかし、組織改革は計画どおりに進まないどころか、失速することが少なくない。ビジョンは絵空事、戦略は分厚いマニュアルとなり、動機づけは恣意的な操作だと嫌われる。改革への熱量は一気に冷めてしまう。すると、リーダーは権力を行使し、改革を強引に進める誘惑に晒される。部下に活を入れるために、強権的な指示・命令を乱発するようになる。営利・非営利組織を問わず、あらゆる組織で同じようなことが今日も繰り返されている。

二千年前、イエスは、「あなたがたも知っているように、異邦人の間では支配者たちが民を支配し、偉い人たちが権力を振るっている。」（マタイによる福音書20章25節）と権力の誤用について言及された。支配的なリーダーは権力と自らを同一視するため、権力を行使してフォロワーを従わせようとする。本書の著者であるジェームズ・ハンターは第２章で「権力」と「権威」の違いについて説明している。

> 人々に対して権力を行使することと、人々に権威を持つことは、別のことです。（57頁）

権力はリーダーの人格とは無関係だが、権威はリーダーの人格によって培われる。立場はリーダーに権力を与えるが、権威は与えてくれない。支配的なリーダーによる改革が行き詰まるのは、権力には限界があり、権力を行使しても人は変わらないからだ。つまるところ、組織変革とは人の心の変革である。ビジョンや戦略、外発的動機づけ（給料や地位の向上）だけでは、人の行動は変えられても心を変えることは難しい。支配的なリーダーが外発的動機づけに頼りがちになるのに対して、サーバント・リーダーは外発的動機づけと内発的動機づけの双方の必要性を理解し、適切に使い分ける。サーバント・リーダーが強権的な指示・命令に頼らないのは、権威こそが影響力だと理解しているからだ。フォロワーの心を動かせるのはリーダーの人格、人間性である。サーバント・リーダーが権力の重要性を認めつつも権力に依存しないのはそのためである。

イエスは権力によるリーダーシップを否定したわけではないが、弟子たちには「あなたがたの間では、そうであってはならない」と教え、「あなたがたの中で偉くなりたい者は、皆に仕える者になり、いちばん上になりたい者は、皆の僕になりなさい。」（マタイによる福音書20章26－27節）と新しいリーダーの概念を示された。「サーバント・リーダー」という言葉はロバート・グリーンリーフの造語であるが、その概念は二千年前のイエスの言葉にある。基本的に人が偉くなりたいと願うのは、仕えるためではなく、仕えられるためである。弟子たちはイエスの言葉に強い違和感を覚えたに違いない。しかし、「偉くなりたい」との意味は権力と権限を獲得することではない。イエスはリーダーの影響力について言及されたのである。フォロワーから信頼されるリーダーの人間性こそ偉大さの本質なのである。フォロワーがリーダーに対して疑心暗鬼になると、命令には従うが、心を開くことはしない。

リーダーシップとは、それぞれがなりうる最高の自己になるように影響を与えることです。（36頁）

サーバント・リーダーが影響力を得ることに心を砕くのは、フォロワーを操作するためではなく、共に「最高の自己になる」ためである。最高の自己になる、これほどの内発的動機づけはあるだろうか。一人ひとりが「最高の自己になる」ことが「最高の組織」となる唯一の道である。もし、リーダーが影響力を権威に変わるものとして用いるだけなら、サーバント・リーダー風になるだけである。本書はリーダーが真の影響力を得るために書かれたものである。第4章「リーダーシップと愛」は、すべてのリーダーへの挑戦状である。

ニューライフキリスト教会牧師　豊田信行

目次

目　次

本書の原著『THE WORLD'S MOST POWERFUL LEADERSHIP PRINCIPLE: How to Become a Servant Leader』(James C. Hunter) は2004年の発行。本文中のビジネス界の状況などは当時のものである。

*聖書の引用は日本聖書協会『聖書　新共同訳』を使用

第1章　リーダーシップとは？

弱い兵士はいない、弱いリーダーがいるだけである。

ウイリアム・クリーチ将軍

二十五年前に労使関係の分野で仕事を始めました。担当地域は生まれ育ったところと同じデトロイトで、自動車産業の町としてよく知られており、アメリカの労働運動の発祥の地、最も手強い労働者の拠点でした。

二十代後半、民間企業で人事部長のポジションにありましたが、退職して独立系労務コンサルタントとして労働問題を抱える企業の相談役になりました。当時の典型的な「労働問題」は労組との対立、ストライキ、暴力、妨害行為、低い士気、常習的欠勤、高い離職率などです。

比較的若手のビジネス・コンサルタントだったので、取引先企業に関わるときには不安を感じました。あるやり手の経営者は男性で高価なマホガニーの机の後ろでふんぞり返り、高級な服に身を包み、時には高価な葉巻の煙をくゆらせていました。

話はこんな風に始まりました。「少々やっかいな問題を抱えているんだよ」。将来のお客様である経営者に喜んでいただこうと、現場にさまざまな問題が起こっているのを気にしながら丁寧に頷きました。「何なりとお尋ねください」と見かけは自信がありそうな返事をして、「たしかにいくつかの問題があるように見えます。そこでまず取り組むべき問題は……」と私が話し始めると、まるで聞こえなかったかのように話をさえぎり、「若いの、君がここでやるべきことを教えてあげよう」、そして「問題は……」と経営者は話を続け、さらに解決策までも語りました。このような自惚《うぬぼ》れの強い人たちがこの組織のすべての問題を解決してきたので、私が呼びつけられたのが不思議でした。

「わが社の問題は、フォークリフトを運転しているチャッキーというトラブルメーカーがいて、労組を使って大口をたたいていることだよ。彼を黙らせることができれば問題は解決し、皆が満足して我々はこれまでどおりの仕事に戻ることができる」。フォークリフト運転手のチャッキーだろうと、倉庫係のノーマ・ジーンだろうと、お客様係のビルだろうと誰しも矯正されなければならないチャッキー的部分を持っているものです。それさえ矯正されればすべての問題は解決する、それが経験の中でわかってきました。

当初は、彼の言葉を信じていました。「あなたが経営者として多額の役員報酬を得ているのは当然ですね。素晴らしいお考えです！」そう思っていたのです。

だから私は、世の「チャッキー」（訳注：組織の運営に不満を持つ者の呼称）たちを黙らせるために組織という組織を駆けずり回りました。それを証明する傷痕があります。

しかし時間が経つにつれて、チャッキーが本当の問題ではないという驚くべき結論に達したのです。実際のところ、チャッキーは真実を語る一人にすぎませんでした。最初に労働争議中の組織の中でチャッキーと話をするようになって、実際には何が起こっているのかを理解できました。また、本社の管理部門にも問題はなかったのです。概して本社の社員は現場の状況には疎いものです。

しかしやがて、この機能不全に陥っていた組織の経営者――初日の面談で大きな椅子にふんぞり返っていた人――と話すにつれ、ここに本当のトラブルメーカーがいると確信するようになりました。

毎朝鏡に映った自分に、組織の問題ではなく症状に対処するために私に十分な報酬を払っているこの経営者に、真実を伝えざるをえないと言い聞かせました。何週間も手の込んだプレゼンテーションを考え、リーダーである経営者自身こそが問題であることを本人にわからせました。読者がお気づきのように、この面談後いくつかの契約は反故になりました。

妻のデニスは心理学者で、何年も結婚と家族の問題を扱ってきました。ある目的のために二人以上が集まるところに組織は存在し、リーダーシップの必要が生まれます。妻のもとに子どもたちを連れてきた両親は、「子どもたちを治療してちょうだい！　ひどい行動をしているのよ！」と訴えることがよくありました。

当初新米の心理カウンセラーだった妻は、子どもたちに対する両親の評価を疑わず、両親が食事に出かけている間に「子どもたちのカウンセリング」を始めました。短いカウンセリングによってデニスは私と同じ結論に達していました。つまり、症状が現れている子どもに問題があるのではなく、両親のリーダーシップにこそ問題があったのです。今では妻が両親のカウンセリングしている間、子どもたちは遊戯室で遊んでいます。

私と妻はそれぞれの仕事の中で、もう一つ共通の現象があることに気づきました。私たちは機能不全の組織と健全な組織の両極端を扱うことが多いのですが、それは助けを求めなければならないほど症状が深刻な組織や個人と、「うまくいっている、ありがとう」と感謝しながらも継続的な改善とベストな状態を目指している組織や個人です。

健全な組織と不健全な組織、幸せな結婚と不幸な結婚、健全な教会と不健全な教会、健全な家族と機能不全の家族、二つの間には共通点があることを観察してきました。その共通点とは、いずれもリーダーシップが深く関わっているということです。ここまでで、組織が健全か不健全であるかの唯一にして最大の要因がリーダーシップのあり方または欠如であることを理解していただけたと思います。

十五年ほど前から、症状を改善しようとするのをやめて、問題の根本であるリーダーシップに焦点を当てることにしました。それ以来サーバント・リーダーシップの原則を教えてきました。

「すべてはリーダーシップに左右される」。

「問題は上位者から始まる」。

「弱い兵士はいない、弱いリーダーがいるだけである」。

これらの格言は実際のところ真実なのでしょうか？

組織におけるリーダーシップ

実業界に身を置く中で、多くの「管理職」が部下のために正しいことをしないで、むしろ上司に気に入られ評価されることに懸命になっているのを見て、困惑を覚えてきました。

首都ワシントンにおいては、選出された議員たちはリーダーシップを発揮して国民に必要なことを推進するよりも、有権者の投票動向を分析し有権者が望むことに基づいて政治的な計算をしているのを目にします。しかし9・11（訳注：2001年9月11日に発生したアメリカ同時多発テロ事件）以後、この状況は変わりつつあります。ヘンリー・S・トルーマン元大統領が語っています。「古代イスラエル民族がエジプトを脱出するとき、モーセが有権者動向を調査したら、果たしてモーセはどこまで進めただろうか？」（訳注：旧約聖書「出エジプト記」参照）。

家庭においては、リーダーシップを発揮して子どもたちの必要（need）を満たそうとするよりも、際限のない子どもたちの欲求（want）に応えることで「親友」になろうとする親が多くいます。親のリーダーシップとは、子どもたちが最高の自己になるように境界線《バウンダリーズ》を教え、愛情を注ぎ、フィードバック（訳注：事後の評価や指摘）を与えて諭し、励まし、訓練することです。親は自分が成長する際に受け取らなかった物質的なものを子どもに惜しみなく与えて甘やかすことに関心があり、親から受け継いだ大切なものを子どもたちに与えていないように思います。

教育機関において、「子どもたち」にはあまり関心がないのに、本の知識を与えることが自分たちの役割だと考えている専門家に出会ってきました。学生のより良き人生のために、学生に仕えて人格形成を助けることを自分たちの責任だと理解するよりも、学期末までにすべてをうまく収めてしまうことに教員たちは強い関心があります。それゆえルーズベルト元大統領は「知識を与えて道徳を教えないのは社会の脅威となる人をつくる」と言っています。ニーチェ、ベートーベン、アインシュタイン、メルセデスベンツの国、教育が進み洗練された国からナチス・ドイツの恐怖が起こったことを忘れてはなりません。

スポーツが格好のたとえですが、若者の人格形成を支援するよりも、競技に勝利することだけに熱心なコーチがいます。

教会やシナゴーグにおいては、信徒が必要としていることよりも、礼拝出席者数、会計により大きな関心を持っているリーダーがいます。信徒の機嫌を損ねることを恐れて、彼らが聞くべき事柄を語るよりも、彼らが聞きたがっていることだけを語る宗教指導者がいます。

要するに、リーダーたちは正しいことをしなければならないのに、それに失敗しているのです。リーダーたちは厄介事を避けるために抵抗が少ない道を選びます。

リーダーシップの欠陥が広がっているのは、人格の育成に失敗しているからです。リーダーシップは人格が要《かなめ》になります。人格は、正しいことを行います。そしてリーダーシップも、正しいことを行います。リーダーは正しいことを行い、管理職は物事を正しく行います。

喜ばしいことに、私たちは自分の人格に関する事柄を自ら選択できるのです。事実、リーダーシップが身について正しい行いをすることが新たな習慣になるまで、自分の人格を成長させ続けることができるのです。

リーダーシップの定義

前著『サーバント・リーダー』（原題：The Servant）において、リーダーシップを次のように定義しました。

共通の利益になるとみなされる目標に向かって熱心に働くよう、人々に影響を与えるスキル。

その後何年にもわたって得た知識と経験から、リーダーシップを改めて次のように定義します。

信頼される人格によって、共通の利益になるとみなされる目標に向かって熱心に働くよう、人々に影響を与えるスキル。

この定義における重要な言葉はスキル（skills）、影響（influencing）、人格（character）であり、それらは後述します。

その前に、リーダーシップに含まれないものを説明しておきます。

リーダーシップはマネジメントではない

リーダーシップ・セミナーを運営する場合、こう話してからセミナーを始めます。「今日はまず、話の土台の地ならしから始めます。私の基本的な仮定は、あなたがたがすでに優れた管理職であり、確固たるスキルがあり、業務能力に習熟しているというものです」、「だから皆さん一人ひとりにAプラスの成績をつけます」、「さらにそれぞれの企業の中でリーダーシップを発揮して地位を上げるチャンスです」、「しかし、より優れた管理職になる話を聞きたいのなら、ここは場違いです。今日はリーダーシップについて話すのであって、マネジメントについて話すのではありません」。

マネジメントは業務計画、予算管理、組織化、問題解決、人事管理、指揮命令、戦略策定などの事項を中心に管理運営することです。マネジメントは私たちがなすべき仕事であり、リーダーシップは私たちのあり方に関することです。

優れた管理職が部下を導くことにおいて悲惨な結果を招いてしまうことが少なくありません。逆に、特に優れた管理職ではないのに素晴らしい成果をあげている優れたリーダーたちも知っています。チャーチル、ルーズベルト、レーガンは優れた管理職であり、彼らを非難する人々はほとんどいません。

「優秀と言われる管理職」は往々にして権力的で指揮統制型です。なぜなら、すべての問題はコントロールできると誤解しているからです。リーダーシップ研修と呼ばれているもののほとんどは、管理能力がある人々を対象にしたマネジメント研修であり、リーダーシップ能力を育成し、人々を励ます能力のある人を育成するものではありません。

単に仕事をうまく処理する方法を知っていることと、他者を励ますのに必要なスキルを身につけることは同じではありません。リーダーの立場に就くためのスキルは、管理職が成果を出すスキルとは異なります。

管理職とリーダーにはそれぞれ異なった一連のスキルが求められます。リーダーシップには人を育成することも含まれます。リーダーシップは人々の心、思考、魂、創造性、卓越性に訴えかけて人々がチームのために積極的に関わることに影響を与えます。リーダーシップはミッションに深く関わり、目標を達成し、人々がなりうる最高の自己になるように積極的に尽くすことです。

ロス・ペローは一九九二年のアメリカ大統領選挙に出馬し、優れた言葉を残しています。

「人を管理してはいけない。管理したいなら在庫、帳簿、自分自身を管理すべきである」。

人々を管理してはいけません。

人々をリードするのです。

リーダーシップはボスになることではない

アメリカにおいては、優れたビジネスマンと優れたリーダーを混同しがちです。成功したビジネスマンが必ずしも良きリーダーとは限りません。有名な投資家ウォーレン・バフェットは「感心できない人がビジネスで成功するのを見てきた。そうでなければよいのに」と話しています。

メディアは偶像を求め、成功したビジネスマンを売り出して雑誌の表紙を飾ろうとします。ビジネスにおける「リーダー」は、偉大な先見の明のある人、戦略的プランナー、組織づくりの達人、天才的な戦略家として定義されています。しかしこれらはマネジメント能力であって、卓越したリーダーシップや、ミッションに人々を駆り立てる影響力はほとんど求められていません。

リーダーシップを美化して複雑にするこの傾向は、リーダーシップをより遠く離れたものにしてしまい、頑なで反抗的なX世代のグループを率いようと努力している現場の平均的な監督者、親、コーチ、牧師および教師にとっては、達成不可能なものに思わせているだけです。

しかし、サーバント・リーダーシップの基準を満たすために、他者を支配し権力がある立場にいる必要はないことに注目してほしいのです。組織の中で地位に伴う権限はなくても、人々が最高の自己になるように積極的に尽くしている人に出会ったことがあります。繰り返しになりますが、リーダーシップの定義に関する大切な言葉の一つは、他者への良き影響力です。

独裁者やワンマン経営者からは成果をあげるチームワークは決して生まれません。本物のコミュニティにはリーダーはいません。もう少し正確な言い方をすれば、最も成果をあげるチームには、成功するために一人ひとりが自分の責任をしっかり自覚しているリーダーたちがいるだけです。結婚生活において夫婦の責任は半分ずつだと言った人は、おそらく結婚生活を長く続けなかった人でしょう。うまくいく結婚というのは、成果をあげる組織のように、夫も妻も力を出し尽くし、頭脳をフル回転させる必要があります。チームの誰もが他のメンバーに影響を与え自分の役割を果たします。大切なことはチームのメンバーがどのような貢献を残すかです。

サーバント・リーダーシップの原則についてサウスウエスト航空の搭乗経験を話したいと思います。サウスウエスト航空はサーバント・リーダーシップを導入し、ニューヨーク証券取引所にティッカーシンボル（訳注：銘柄を識別するコード）ＬＵＶ（訳注：luv は love のスラング的な言葉でもある）で上場されています。有名なスローガンの一つが、「愛が築いた航空会社」（The airline that love built.）です。

デトロイトはノースウエスト航空のハブ空港であり、デトロイト近郊に住んでいる私は、それまでノースウエストしか利用してきませんでした。しかし二年前、ノースウエスト航空でなくサウスウエスト航空のチケットを初めて購入しました。サウスウエスト航空がサーバント・リーダーシップに取り組み、突拍子もないことをして乗客を喜ばせていることを聞いていました。そこで、サウスウエスト航空のサーバント・リーダーシップによる実際の行動が真実であるかどうかを注意深く観察しました。

チェックインし、プラスチックの搭乗券を受け取りました。突然誰かが「ゴー！」と叫んだとき、搭乗券には座席番号の表示がないことに気がつき、驚きました。

新しい搭乗方法に慣れていなかったのですが、なんとか中央列の後ろの席に落ち着きました。控えめに言っても良い印象とは言えません。

離陸前、搭乗口が閉まる直前、十代前半の少年が慌てて乗り込んできました。両腕に抱えていたキャンディが一杯詰まった大きな箱は、寄付集めのために販売するものだとわかりました。

ほぼ満員の便だったので席上の荷物棚はすべて埋まっていました。頻繁に飛行機を利用している経験から、お菓子の箱を持って出発間際に乗り込んだ子どもに対して不機嫌になる客室乗務員の反応を予想していました。おそらく、こう言われます「この奥はもう満員だよ。スペースがないのが見えないの？　その箱は下の貨物室に置くべきだったね！」

ところが、そうはなりませんでした。

若い客室乗務員が、その少年に「キャンディを売るのを手伝ってあげようか？」と話しかけたのです。少年は目を輝かせ、「お願いします！」と答えました。

客室乗務員はキャンディを受け取り、パイロットがいる操縦室に入って行きました。それまでに客室乗務員が乗客の所持品を操縦室に持ち込むのを見たことがありません。

次に起こった出来事をまだ鮮明に覚えています。巡航速度に入ったとき、客室乗務員が機内のマイクでキャンディが一つ二ドルで販売されることをアナウンスしたのです。客室乗務員は10番C席の気難しい客に近寄らないことを他の乗客に知らせるために、「まず最初に、キャンディを買わない人を教えてください」とアナウンスしました。機内は笑いで溢れました。

もちろん、箱が通路の中間地点に行くまでにキャンディはすべて売り切れました。客室乗務員にはキャンディを買えなかった気難しい客を扱う仕事がまだ残っています。ある客は通路の反対側の乗客に声をかけ、売値に五ドル上乗せしてキャンディを買いたいと持ち掛けていましたが、きっぱりと断られました。つまり高度一万一千メートルの飛行機内でeBay（訳注：オンラインの商取引）が行われていたのです！　これは冗談ではありません。実際、機内はこのようになっていたのです。客室乗務員は何の権限も持っていませんが、乗客へのリーダーシップを発揮しました。客室乗務員は少年とともに機内全体に大きな影響を与えました。空になった箱と分厚い札束を持った少年の顔を今も決して忘れられないのは私だけではないでしょう。

その日以来、サウスウエスト航空における経験は、この点に関して一貫していました。サウスウエスト航空に乗るときはいつも、乗客へのサービスと組織のミッションを遂行するために必要なことを行う客室乗務員たちの姿を見てきました。この「リーダー集団」が、快適なフライトを実現するために、励まし合い、助け合い、ユーモアを交え、生き生きと働く姿を何度も見てきました。サウスウエスト航空は顧客の最善のために何でもします。

また、顧客に良き経験をしてもらうために必要なことは何でもします。

さて、サウスウエスト航空を奇抜で常軌を逸した薄っぺらな組織だと断じようとする人もいますが、同社が今日、世界とは言わないまでも、アメリカで最も成功している航空会社であることは間違いありません。労働組合が多く、収益を上げることが難しいこの業界においてサウスウエスト航空は、航空業界にとって悲惨な状況をもたらした9・11以後の三年間を含め、三十年以上も不採算年度はありません。

サウスウエスト航空を異常と書く人もいますが、今これを書いている時点でサウスウエスト航空の株式時価総額は航空会社「ビッグ・シックス」、すなわちアメリカン航空、ユナイテッド航空、デルタ航空、ノースウエスト航空、コンチネンタル航空、USエアウェイズを合わせた株式時価総額の二倍です。

組織がメンバーにリーダーシップの責任を持たせたり、全員がチームの成功のために責任を担っている姿を想像すると、素晴らしい光景が見えてきます。不幸にも、この大きな資源が世界の多くの組織で眠ったままになっています。喜ばしいことに、これは変化の兆しです。

繰り返しますが、他者に影響を与えるためには、立場による権限は不要です。誰でも参加した組織に自分の痕跡を残しています。唯一の問題は、どんな痕跡かということです。

とはいえ、ここでは組織内で一般的に指導的立場にあり、指導する人々の成長、育成、業績に関する責任を負っている人々ついて話すことを明確にしておきます。

リーダーシップの本質を見極めることにより、リーダーシップとは何かが明らかになります。

リーダーシップは素晴らしい責任である

管理職、配偶者、親、コーチ、教師、牧師など人々が生涯で「決心」し、就いた様々なリーダーシップの役割について考えてみてください。

忘れてはならないことがあります。リーダーになると「決心」したとき、素晴らしい責任ある無償の仕事を自発的に引き受けたのです。人間には管理が任されていますが、多くのことが危機に瀕しています。人々がリーダーの役割を安易に引き受けることに驚きます。

ここで「決心」と言うのは、リーダーシップとは自発的に引き受けるものだからです。おそらく誰も、結婚や親になることを強要したり、株主や納税者から隔週で給料を無理に受け取らされる人はいないでしょう。これらの期間、「決心」したのです。自由にこの役割に就き、自由に離れることができます。要点は、何か大きなこと、重要なことのために「決心」したということです。

組織における管理職の役割を考えてみてください。従業員は管理職がつくった環境の中で、起きている時間の半分を仕事をしながら過ごしています。従業員は家族と過ごすよりも長い時間を管理職と過ごします。

さらにこの管理職は、従業員の職歴の形成に責任があります。考えてみてください。従業員はリーダーのおかげで結果として成長しているでしょうか？　従業員はリーダーとの関わりによって、より良い人間に成長しているでしょうか？　リーダーは従業員が正しいことを行い、人格的に成長するよう励ましているでしょうか？　リーダーシップの究極のテストはこうです。つまり、人々が入った時よりも去っていく時に成長しているかどうかなのです。

親であることの素晴らしい責任を考えてみてください。子どもは年をとっても、あなたの子どもなのです。それは大きな責任だと思いませんか、お母さん？　あなたはどうですか、お父さん？

教師、牧師、コーチ、ラビ（訳注：ユダヤ教の指導者）の方はどうでしょうか？　良くも悪くも、あなたの人生に影響を与えた人はいましたか？　私にはいました。リーダーは他者に与える影響や立場に伴う固有の責任について考える必要があります。

昼間に職場で上司としてどう振る舞うかが、従業員の夜の家庭での食卓の会話に影響を与えています。悪い上司を持つと食卓で話すことに悪い影響を与えます。『響きあうリーダーシップ』（原題：Leadership Is an Art）の著者マックス・デプリーは、このように言っています。「リーダーシップは……他者の生活に深い影響を与える」。

これがサーバント・リーダーシップの出発点です。私たちは自分が決心したこの素晴らしい責任を定期的に振り返り、自分の選択と行動が他者の人生に影響を与えていることを確認する必要があります。私は、リーダーシップの役割に内在する素晴らしい責任について考えることは、成長と変革のための重要な一歩であると気づいたのです。

何年も前のことですが、友人が「牧師にとって大切なのは、強い使命感（high calling）だ」と言いました。その考えに同意しましたが、彼にこう返しました。「管理職にとって大切なのも、強い使命感だ」。一人の管理職の日々の行動が他者の人生にどれだけ影響を与えるか、プラスにもマイナスにもなるかを考えてみてください。バスケットの伝説の名コーチであるジョン・ウッデンはこう話しています。「家族以外では、リーダーが選手に最も強い影響を与えている……私はそれを神聖な信頼だと考えている」。

リーダーシップはスキルである

リーダーシップは先天的か、後天的か？

これは古くからある問いです。

「私の祖父は無能な監督者だったので私も同じように無能な監督者です」。または「私の母は惨めな妻で母親でした、なので私も惨めな妻で母親です」。「私はリーダーシップの遺伝子を受け継ぐことができませんでした」。

リーダーシップは遺伝するのでしょうか？　リーダーシップとは、単に染色体の主成分である一連の分子的な物質が遺伝子の中にあるかないかで決まってしまうのでしょうか？

経営学の権威ピーター・ドラッカーは、「生まれながらのリーダーはたしかにいるかもしれないが、それに固執してはいけない」と語っています。また、「リーダーシップは学習するものである」とも言っています。

さらに、ウォレン・ベニスは、こう述べています。「最も危険なリーダーシップの神話は、リーダーシップは生来のもので遺伝的要因があるというものだ。この神話は単にカリスマ的な素質があるかないかを主張しているにすぎない。くだらない話だ。実際のところ、その反対こそが正しい。リーダーは生まれつきではなく、造られていくものである」。

リーダーシップが先天的か後天的かは極めて重要な点です。もしリーダーシップが生まれながらの特性の有無だと信じているなら、リーダーシップに対する責任を持つ必要は全くありません。先祖を恨めばよいだけです。しかし、リーダーシップはスキルであるということを受け入れるなら、厄介なことに首を突っ込むことになります。つまり、最も優れたリーダーシップの能力開発はどうすればよいか、が新たな課題となるのです。

二十五年前、私にはリーダーシップがスキルであるという確信がありませんでした。優れたリーダーシップは遺伝的な要因と環境的な要因の融合である、つまり強い性格と良き教育の組み合わせによると考えていました。十二年前、リーダーシップはスキルであるという考えに確信を持つようになりました。つまり、教育と実践によってスキルを開発することができると知ったからです。今日、数多くの管理職が成長を遂げ、優れたリーダーに成長するのを目の当たりにすると、リーダーシップがスキル（つまり、学び習得できる能力）であることは疑う余地がありません。私は今、多くの人々がリーダーシップのスキルを習得できると考えているのです。

事実、すべての人が一生のうちで親、配偶者、管理職、コーチ、教師など一つか二つ以上の昔ながらのリーダーの役割を担う中で、有能なリーダーになるために必要不可欠なスキルを、ＤＮＡの構成に恵まれた幸運な数少ない人々のためにのみ、公平な神が用意されているとはとうてい信じられないのです。

ジム・コリンズはそのベストセラー『ビジョナリー・カンパニー2 飛躍の法則』（原題：Good to Great）の中で、真に偉大な企業において高い業績を上げるリーダーを、第5水準のリーダー（訳注：第5水準は個人としての謙虚さとプロフェッショナルとしての屈強な意志を兼ね備えることが重要だとしている）と表現しています。コリンズは、「もし、私たちが求めるべきものを知っていれば潜在的な第5水準のリーダーはどこにでもいる。多くの人々が第5水準に進歩する潜在力を持っている」と語っています。

優れたリーダーになれない人がいるかもしれませんが、その割合は一〇パーセント以下だと思います。この中には深刻なパーソナリティまたは気質的な障害、あるいは他の深刻な精神的または情緒的な欠陥があり、他の人々との健全な人間関係を発展、維持させることに苦労を覚える人が含まれています。

深刻な精神的または感情的な欠陥のある人々を除けば、リーダーシップの潜在性は存在し、大多数の人がリーダーになることが可能であると確信しています。リーダーシップは多くの人々の中で開発を待っている潜在的なスキルなのです。

サーバント・リーダーシップの提唱者ロバート・グリーンリーフは、コンサルタントであり講演者、また著述家ですが、実業界でサーバント・リーダーシップが認知される何十年も前から、そのことを発信し続けてきました。彼はこの潜在的なリーダーシップの可能性を認識し、次のように語っています。「中等教育（訳注：日本の中学校・高等学校）、大学教育に携わっている教師の多くは、学生の指導に十分な余裕を持っていて、ほとんどすべての若者に潜在しているサーバント・リーダーになれる可能性を引き出し、発展させることができる」。

私が使っている辞書では、スキルを「学び、習得できる能力」と定義しています。リーダーシップがスキルであるなら、多くの人々にとって習得が可能であることを意味しています。先に述べたように、リーダーシップ・スキルの開発は、他のスキル、すなわちバスケットボールでシュートを入れる、ピアノを弾く、ゴルフボールを打つ、飛行機の操縦をする、といったスキルの学習と類似しています。たしかに誰もがマイケル・ジョーダンのようにバスケットをプレイし、ジョージ・ウィンストンのようにピアノを弾き、タイガー・ウッズのようにゴルフを極め、チャック・イェーガーのように飛行機の操縦をすることはできません。しかし、誰もが今よりも上達することは可能なのです。それには強い動機づけ、繰り返しの練習、自己鍛錬が必要です。基本的には適切な願望、方法、実践を組み合わせれば、ほぼすべての分野でスキルを飛躍的に伸ばすことができます。

同様にリーダーシップ・スキルを開発することは、ゼネラルモーターズやアメリカ合衆国の陣頭指揮を執ることを意味しているのではなく、その人がなりうる最高のリーダーになるということを意味しています。

過去の選択が現在の私たちのリーダーシップの姿を決め、また明日のリーダーの姿を決めるかもしれません――しかし必ずしもそうではありません。リーダーシップ・スキルの開発については選択することができ、人格をさらに発展させることを選択することもできます。将来、今とは違う人になることさえ可能なのです。

言うは易く行うは難し

最近会う組織の意志決定者の多くが、リーダーシップは知識やスキルだと信じていると言っていますが、実際は矛盾した行動を取っています。

その証拠に、この国の管理職の大多数が、組織の貴重な資産である「人」の効果的な導き方について訓練を受けないままリーダーになっています。昇進させるとき、「彼女は数字に明るい」「彼はいい兵士だ」「彼は忠実そのものだ」などとよく耳にします。多くの組織で繰り返し行われていることがあります。優秀な販売者を管理職に昇進させることは、優秀な販売者を一人失い、質の悪い管理職を一人増やすことになります。

これまでに会ったほとんどの経営幹部は、従業員は組織の最も価値ある資産である、と力説しました。本当にそうなら、なぜ「忠実である」「数字に明るい」ということで雇用したり昇進させたりするのでしょうか？　ありえないでしょう。しかし実際は、ほとんどの組織がしていることです。経営幹部は人々をリーダーの地位に昇進させ、日帰りのリーダーシップ研修に送り、巧みな言葉で現場に放り込みます。最近の研究では、短期間の研修はリーダーシップに悪影響を与える可能性さえあると言われています。

繰り返しますが、リーダーシップがスキルであることを認めるなら、私たちは、リーダーたちがそのスキルを習得しているかどうかを確認しなければなりません。その責任があります。もし私たちが組織における意思決定者であるなら、その責任、道徳的な義務は、大切な人々を丁寧に扱い、リーダーたちがその役割を果たすために必要なすべての研修教材を備えることにあるのです。

リーダーシップは影響である

『1分間マネジャー』（原題：The One Minute Manager）で有名なケン・ブランチャードは、「リーダーシップは人々に影響を与えるプロセスである」と述べています。

リーダーシップとは、共通の利益と見なされる目標に向かって人々が心、頭脳、創造性、卓越性、その他の能力を惜しみなく喜んで捧げるように影響を与えることです。リーダーシップとは、ミッションに積極的に関わる人々に影響を与えることです。リーダーシップとは、それぞれがなりうる最高の自己になるように影響を与えることです。ですから、リーダーシップはマネジメントと同義ではありません。リーダーシップは、影響と同義なのです。

かつては企業の技術やマネジメントについて一番よくわかっている人が最高の地位に就きました。しかし、もはやそんな時代ではありません。フォーチュン５００（訳注：「フォーチュン」誌が毎年編集・発行する全米上位五百社収入順リスト）の経営者が業界を移ることはよくあることです。ルイス・ガースナーはＩＢＭの劇的な転換期のＣＥＯでしたが、以前はナビスコでクッキーを焼いていました。バーガーキングのＣＥＯはノースウエスト航空を経営していました。ホームデポのリーダーはＧＥの電気部門の責任者でした。そうです、多くの卓越した企業は、「人間性を見て雇用し、スキルは研修で伸ばす」のです。

リーダーは、オーケストラの指揮者にたとえることができます。あなたに音楽理論と楽器の弾き方を教えることはできます。しかし、多くの人々に様々な楽器を演奏させてハーモニーのある音楽を創り上げるスキルを誰が持っているでしょうか？　誰が全員を参加させてハーモニーのある音楽を創りだすことができるでしょうか？　誰がその役割を果たせるでしょうか？

影響によって人々をリードした事例を紹介します。ハーブ・ケレハーは最近サウスウエスト航空を退職しましたが、ＣＥＯであったとき、利益が出ない四半期になるとの情報を全従業員にメモで送りました。一人ひとりにです。そしてメモの中で、各人が一日につき五ドルを節約するよう求めました。乗務員かコーヒー係かタイヤ交換係かは関係ありません。全従業員がそれぞれ担当する仕事で一日五ドルを節約するよう協力しなければなりません。同氏はメモにLUV, Herb（大好きだよ、ハーブより）とサインしました。

サウスウエスト航空はその四半期に経費の五・六パーセントを見事削減しました。最大限可能な削減でした。

それがリーダーシップです！　ケレハーが従業員に語りかけたとき、従業員は注意して聴きます。一日に一人が五ドル節約することを従業員全員に語りかけるＣＥＯを知っていますか？「はい、わかりました。でも、私には関係ありません」、普通なら従業員たちはそう言ってメモをくしゃくしゃにしてゴミ箱や廊下に捨てるでしょう。

ジョン・マクスウェルはリーダーシップに関する数多くの本を書いていますが、「リーダーシップとは影響であり、それ以上でも、それ以下でもない」と簡潔に語っています。

リーダーシップは人格である

人生は日々選択の連続です。あなたも私も毎日、何百もの選択をしています。ある心理学者が、平均的な人は毎日一万五千もの選択をしていると試算したのを読んだことがあります。

これは靴の色、着る服、ランチに何を食べるかの話ではありません。出会う人々にどのように対処するかということです。人格（つまり他者への対応の仕方）の話をしています。ご存じのように、選択とは次のようなことです。忍耐するのか、しないのか？　親切にするのか、しないのか？　自惚れて自慢したがり横柄なのか、謙虚なのか？　人に敬意を表すのか、表さないのか？　無私なのか、自己中心なのか？　赦すのか、赦さないのか？　正直なのか、不正直なのか？　積極的に関わるのか、少しだけ関与するのか？

「心理学入門コース」で学んだパブロフの犬の刺激と反応を覚えていますか？　直面する刺激とそれに対する反応（応答）は、小さな選択の世界です。しかしこの小さな選択は、もし優れたリーダーになり、より良い人間になることを望むなら、大切に関わっていくべき世界なのです。

日々たくさんの刺激があります。お金、上司、退職後の計画、健康問題、子どもの教育、不作法で不寛容な人々への対応……。刺激への応答を選択する権利を誰もが持っています。ある人がベトナム戦争で手足を失い、帰国後へロイン中毒になりました。別の人が同じくベトナム戦争に従軍して手足を失い、帰国後アメリカの上院議員になりました。同じ経験をしても応答は異なっていたのです。

私は、起こったことへの応答がいかに重要なのかを、年を重ねるにつれてますます理解するようになりました。

刺激と応答の間にあるのは、人格の世界です。人格とは、個人的な代償に関わらず正しいことを行うという道徳的な成熟度と責任なのです。人格は食欲、本能、思いつき、衝動ではなく、価値観や原則にしたがって出来事に反応する意志を伴います。人間は動物と同じではないのです。

リーダーシップは行動する人格であり、リーダーシップの開発と人格形成は同一です。人格は正しいことを行います。リーダーシップも正しいことを行います。第７章では人格とその形成について説明します。

究極のテスト

あなたのリーダーシップの有効性のテストは、こうです。人々が来た時よりも去る時に向上しているかどうかです。

あなたの子どもたちは有能な人間になり、両親を愛し、他者をリードし、仕えようとしているか？　従業員たちはあなたのリーダーシップと影響力によってもっと長く働きたいと思っているか、より良い人になっているか、成長しているか？　賢明な将軍が語りましたが、「リーダーの最初の義務は、多くのリーダーを育てることである」。

ロバート・グリーンリーフは一九七〇年のエッセイ『The Servant as Leader（リーダーとしてのサーバント）』でこう語っています。「あなたが関わった人たちは、人として成長しているか、人々は癒やされ、賢くなり、自由になり、自律的になり、すすんで他者に仕えようとしているだろうか？」

覚えておいてほしいのですが、リーダーは常に自分の痕跡を残すことを忘れてはいけません。唯一の問題は、人々にどんな痕跡が残されているかなのです。リーダーの存在によって、人々はより良く、賢明になったでしょうか？

アライド・シグナル社の元ＣＥＯであるラリー・ボシディは、『経営は実行』（原題：

Execution :The Discipline of Getting Things Done）の共著者ですが、こう語っています。「あなたが退職するとき、一九九四年の第1四半期、第3四半期に自分が何をやったかを覚えていないだろう。しかし、あなたが覚えているのは、どれだけ多くの人をあなたが育成したかである。あなたが関心を持ち、その成長に深く関わったことで、どれだけ多くの人がより良いキャリアを築けるようになったかである。リーダーとして途方に暮れたとき、あなたが導いている人々の行動を探ってみよう。きっとあなたは、なすべきことがわかるはずだ」。

サーバント・リーダーシップは弱虫のためか？

講演の経験から、サーバント・リーダーシップに懐疑的な人々がリーダーの中に大勢いることを知りました。サーバント・リーダーシップを気弱で生ぬるく、曖昧で消極的なリーダーシップだと決めつけているのです。疑り深い人々は組織のピラミッド型をひっくり返すことは従業員の過保護になるとの強い懸念を持っています。

サーバント・リーダーシップは決してそのようなものではありません。

組織運営のある局面では、サーバント・リーダーも「トップダウン的な」考え方をしたり、独裁的にすらなります。ある局面とは、使命（どこへ向かっているのか？）、価値観（組織で行動を律する内部規律は何か？）、基準（卓越性をどのように定義し評価するのか？）、説明責任（目標と実績の間にギャップがあるなら何が起こっているのか？）を定めるときです。それらの問題が発生したとき、サーバント・リーダーは独裁的になります。

サーバント・リーダーシップは、使命を明確にし、行動を律する規則を定め、基準を定め、説明責任を明確にするという、リーダーシップの責任を放棄することを許しません。サーバント・リーダーはこれらの質問のために、世論調査を依頼したり、委員会を開いたり、民主的な投票をすることはしません。人々はリーダーが方向性を決めるのを、じっと見守っているのです。

しかしながら、一旦方向を決めれば、組織のピラミッドは逆転し、サーバント・リーダーは人々が職務を達成することを支援します。リーダーは人々の正当なニーズを見極めて支援する責任を持ち、人々はそれぞれがなりうる最高の自己になり、掲げた任務を効果的に達成できるようになるのです。

第2章　権力と権威の違い

強制力の価値は、その行使に反比例する。

ロバート・グリーンリーフ

「この世で確かなことは、人が必ず死ぬことと税金を納めなければならないことである」。かつてベンジャミン・フランクリンはそう断言しました。

しかしフランクリンさん、あなたは間違ってます！

今日のアメリカには、お金を使わず未納税で、太平洋岸北西部の森に共同で住んでいる人々がいます。お金を使わなければどうやって税金を払えますか？　むしろ人生で確かなことは、死と選択です。デンマークの哲学者セーレン・キェルケゴールは、選択しないこともそれ自体が一つの選択だ、と指摘しました。

あなたの人生の質、リーダーシップおよび人格は、日々の選択によって決まります。リーダーになることを選択したとき、それは最初の選択です。その上でリーダーとしてもう一つの選択をしなければなりません。権力か、権威か、どちらで導くのかということです。

伝統的なリーダーシップの役割を持つ人々の大多数は、権力（power）を持っていました。しかし少数のリーダーは信頼を得て、権力とともに権威（authority）も併せ持っていました。では、権力と権威の違いは、一体どのようなものなのでしょうか？

権力の定義

社会学の授業ではマックス・ヴェーバーについて必ず学びます。この分野の創始者だからです。およそ百年前、ヴェーバーは「社会経済組織の理論」（『経済と社会』第一部）を著し、権力と権威の違いを明らかにしました。その定義は今でも広く使われています。

権力とは、相手の意志とは関係なく、地位や力によって自分の意志どおりのことを強制的に行わせることです。権力に関するヴェーバーの簡単な定義があります。「それをやるんだ！　さもないと」です。さもないと、やっつけるぞ、解雇するぞ、どうしてもやらせるぞ、ということです。

高圧的で理不尽な要求をする管理職が好んで使う言葉があります。「若者よ、世の中すべては権力だ！」

権威の定義

権威は、権力とは全く異なります。権威はスキルであり、個人的な影響力によってあなたの意向にすすんで従わせることです。権威の定義について、ヴェーバーのわかりやすい例示があります。「あなたのためにすすんでそれをやります」と人々が言ってくれるのが権威です。

権力と権威を考えるもう一つの方法は、こうです。権力は売買、授与および剥奪が可能です。たとえば「あなたは私の義理の妹なので、私はあなたを部長に任命し、権力の地位に就けることができます」と言うこともできます。由緒正しい遺伝子を持って生まれたなら、あなたは王子になります。たくさんのお金を相続すれば、大株主になれます。歴史は無能な支配者、皇帝、経営者があちこちにいたことを物語っています。

しかし、権威はそうではありません。権威は売買も剥奪もできないのです。権威とは人としてのあり方を示すものです。他者を励ます人、権威はそのような人にあります。権威は人格そのものです。この本のテーマの一つは、本物のリーダーシップは権威を身につけているということです。このテーマを学ぶために、はじめに権力とその用い方を深掘りしてみましょう。

権力と人間関係

権力の行使を誤らないでください。子どもにゴミを出すように言いつけたり、従業員に報告書を提出するように指示する場合、さもないとひどい目に遭うぞ……と言えば、仕事はきちんと行われます。権力には効果があり、何年かは使えます。しかし権力には欠点があり、それは非常に大きなものなのです。

権力の欠点とは、人間関係を損なうことです。

あなたが子どもや配偶者に何度も権力を行使すれば、相手に不快な兆候が現れます。私の妻は心理カウンセラーとしての経歴の中で、多くの時間をその症状と向き合ってきました。

もし従業員に権力を行使するなら、不快な行動が始まります。私のコンサルティング業務の半分はストライキ、暴力、妨害行為、組合運動、退職などへの対応でした。「その子たち」は、いたるところで問題行動を起こします。

アメリカ軍はこれを何十年も前に学びました。ブート・キャンプでは軍曹が大声で叫んで兵士たちを訓練しますが、この期間はせいぜい六週間から八週間です。その後、兵士たちはリーダーに率いられて中隊か小隊に送られます。なぜなら、時が経つにつれて権力は人間関係に悪影響をもたらすからです。

人間関係とビジネス

信じられないことですが、こう言われたことがあります。「私たちは自動車部品産業で働いています。壊れた人間関係とビジネスにどんな関係があるというのですか？」

すべてです。

人間関係はすべてのビジネスと関連しているのです。企業がどんな生産やサービスを提供していても、そのビジネスには必ず人間関係が関わっています。おわかりでしょうか？　人生のすべて、ビジネスのすべてが人間関係の連続であることを理解するのに私は二十年かかりました。人なくしてビジネスはありえません。

リーダーシップ・セミナーでは、こう尋ねます。「あなたの企業の存在理由は何ですか？」当然、「利益を得るため」という答えがあり、ときには一斉に叫んでくれます。

その時、私はバン！とテーブルを叩き、大声で叫びます。「間違ってます！　それは企業の存在理由ではありません！　でもよく答えてくれました、ありがとう」。

そしてあらゆる企業における唯一の存在理由について説明し、「それは人々のニーズに応えることです」と語ります。人々のニーズに応えることに失敗し、競争で負けたら、企業は潰れます。利益は健全な企業の不可欠な要素ですが、企業の存在理由ではありません。例えるなら、生命そのものです。生きるために酸素は必要ですが、酸素が生命ではありません。

健全な企業は健全な人間関係で成り立っています。消費者、従業員、所有者（株主、納税者など）、そして他の重要な人々、売り主、供給者、地域社会、労働組合、行政などはセットです。健全な人間関係と健全なビジネス、不健全な人間関係と悪いビジネスはセットです。

では、健全な人間関係をどのように築けばよいのでしょうか？　正当なニーズを見極めて対応し、人々に仕えることです。人々の欲求（want）に応えることではありません。それでは奴隷になってしまいます。そうではなく、彼らが必要（need）としていることに長く応え続けるのです。

三十年以上をかけてようやく悟りましたが、権力を行使するマネジメントは卑劣で反抗的な行動を呼び起こします。頭脳戦、敵対主義、信頼度の低さ、縁故主義、政治的駆け引き、人間関係の破壊、その他の不健全な行動を生じます。その結果、組織が傷ついていきます。過度な指揮統制型マネジメントは恐れを生み出し、信頼関係を破壊し、最後には人間関係と成長の芽を摘みます。

二十一世紀において、権力の文化では卓越性、速さ、品質、改善の文化との競争に勝つことはできません。つまり頭脳で駆け引きをする文化と競争しなければならないのです。権力の文化は文字どおり組織から「生命力」を吸い取っていくのです。

古いパラダイム

サーバント・リーダーシップの原則を教えるために世界各地を訪れますが、聴衆を盛り上げて概念と原則に注目させることは、さして難しくありません。原則そのものは自明です。新しいことで聴衆を感動させるのが難しいのではなく、古いパラダイム（規範、枠組み）を忘れさせることが難しいのです。つまり、人々が持っている古いパラダイムの問題なのです。

パラダイムとその影響については前著『サーバント・リーダー』において述べました。古いパラダイムによるリーダーシップは、有益な目的のためだとしても、日々新しく変化する世界において従業員をリードする良いモデルではありません。しかし、その責任の一端を私たちは負っています。

古い指揮統制型の「権力型」リーダーシップは何千年もの歴史があり、今も健在です。古代エジプトでは権力を行使して巨大なピラミッドを建設し、それ以来このリーダーシップは世界のほとんどの組織で用いられてきました。巨大なピラミッドは指揮統制型のマネジメントを称えるのに造られたのでしょうか?

第一次、第二次世界大戦後、アメリカ社会では軍隊のピラミッド型組織がどんな組織運営においても最も優れた方法であると理解され、多くの組織に導入されました。家庭においては父親がトップで母親が中間、そして子どもが一番下、しかしこの数十年の間に、この国では大きく変わりつつあります。カトリック教会においては法王が最上位、ついで枢機卿、司教、司祭、信徒の順です。企業においてはCEOが最上位、副社長、部長、課長、最後は賢明な現代人が「アソシエイト(仲間)」と呼ぶ悪条件で働かされている人々です。

もちろん第二次大戦直後の世界は、今日と比べて大きく異なっていました。戦争中にヨーロッパからアジアまで多くの都市が爆撃されたため、戦場にならなかったアメリカにはほとんど競争相手がおらず、生産とサービスの分野で勝利しました。アメリカはグローバル市場において頂点に君臨していて、競争がほとんどあるいは全くない場合、あまり悪いことはできなかったのですが、勝利するのは簡単でした。

戦後数十年の間、権力は職場でうまく使われてきたように見えます。マネジメントのルールは「君には考えてほしくない、私が言うことだけをやっていればよい！」（訳すと、頭は使わなくてよい、首から下の労働だけでよい）。「君の意見を聞きたいときは君に尋ねるから、それまでは黙っていなさい！」キノコ栽培的管理理論は大流行しました。そのモットーは「従業員は暗闇に置いて、肥料をたくさんやれ」です。多くの管理職は映画『ある愛の詩《うた》』（原題：Love Story）の登場人物と似ています。というのは、上司は決して謝らないのです。

職場の人々に対する本音のところは、従業員を表すのによく使われる「雇われた手」という言葉に表されています。ヘンリー・フォードがこの規範を次のように要約します。「人の両手がほしいだけなのに、なぜ体全体を雇わなければならないのだ」。

ピラミッド型の組織文化（階級制社会）における組織の不活性は、上司を幸せにすることと上司が望むことに応えることに起因します。ジャック・ウェルチ（GEの元CEO）はこれを痛烈に批判しています。「王や女王を敬うがごとく従業員が上司の方ばかり見て仕事をすると、結果として顧客に背を向けることになる」。

ピラミッド型の組織文化においては、従業員は技術的または機能的エキスパートであること、つまり「良き兵士」となることで昇進します。この組織文化の中で人々は、「ピーターの法則」で主張されるように、能力を発揮できないような地位にまで昇進させられることになります。技術者としては優れていて、よく仕事ができていたとしても、それを人に教えることは得意でない人がいます。その人を管理職にしてしまうと、やがて組織全体が無能な集団と化してしまうのです。

ばかばかしい！　優れた技術者、優れた事務担当者が必ずしも他の人々に仕事をうまく教えることができるわけではありません。新しい思考と、新しくて異なったスキルが求められているのです。アインシュタインは「今日と同じ思考レベルでは新しい目標に達することはできない」と語りました。

業務中心で技術的・機能的に優れた従業員がリーダーの地位に昇進すると、新たな不具合が生じます。過去においては、やり遂げた仕事に達成感を覚えました。しかしリーダーの地位においては、成功することの物差しが異なるのです。正しく行う努力、信頼口座における預金残高（訳注：スティーブン・R・コヴィー著『7つの習慣』参照）、コーチング、ティーチングなど人々を励ます努力は、何週間、何か月、何年も実を結ばないかもしれません。一日の終わりに充足感を覚えて、定量化できる結果に慣れた人々にとっては難しいことです。だから、結果をもたらす最も良い手段に頼ろうとして、こう命令します。「この方法で、すぐにやれ！」

十一月に種を蒔き、雪が降る前に収穫できないことに不平を言う農場主は、人々から嘲笑を買うことでしょう。同じようにリーダーシップにおいて詰め込みは通用しないのです。リーダーシップを発揮するには、満足を先延ばしして忍耐強く「収穫の法則」を信頼し、自分の役割を果たせば実がなるとの信念を持つという、人生に不可欠なスキルを習得することが求められます。実を結ぶことがわからなくても忍耐しなければなりません。しかし、これは今すぐに結果を求める業務達成型の管理職にとっては大変難しいことです。このことからも、この世界に多くの劣悪な上司たちが溢れているのは不思議ではありません。

世界は変わった

東洋の古いことわざに、「神々が我々を滅ぼそうとするなら、初めに繁栄の四十年を与える」というものがあります。

数十年間、アメリカのビジネス界が国内的、国際的に享受してきた比類なき繁栄について、誰も真剣に議論していません。ピラミッド型の経営が機能してきたことは間違いありません。私たちは何も間違っていないのです。

むしろその後、世界が変わってきたのです。アメリカに負けて荒廃した国々は立ち直り、市場でもアメリカの脅威となってきました。ほどなくしてドイツ、日本、韓国、その他の手強い競争相手は、効率、質、サービスにおいて優れ、市場においてアメリカを凌駕しました。日本的経営は、チームの概念、品質重視、主導権、改善、カンバン方式、ジャスト・イン・タイム方式などによって従業員の頭脳を使うことの重要性を示してきました。アメリカのように従業員は労働力だけを提供すればよいというのは、もはや通用しないのです。しかし一九七〇年代末までにアメリカの多くの企業が目覚め始めました。残りの企業も早く目覚めなければなりません。

権力は高くつく

その後も世界は変わり続けています。

今日の世界では、企業経営において権力型の管理職は大きなコストがかかります。今や、オプラの時代（訳注：オプラ・ウィンフリーはトーク番組司会者）、十二ステップ・プログラムの時代、インナーチャイルドを擁護し、権利を守るために立ち上がる時代です。人々は自分で問題を解決するのではなく、裁判で決着をつけようとする時代なのです！

雇用に関する訴訟は全国規模で拡大し、ハラスメント、名誉毀損、暴行、精神的な苦痛、差別、そして好ましくない雇用環境があります。差別やハラスメント訴訟で頻繁に主張される「精神的苦痛の故意加害」という慣習法が、アメリカ全州で何らかの形で認められています。精神的な苦痛とは一般的に故意による非礼な行為、深い精神的な苦痛のことです。管理能力のない管理職は訴えられます。

ジュアリー・ヴァーディクト・リサーチによると、労働訴訟の賠償金額の中央値は十五万ドルです。この損害賠償金には弁護士費用を含んでいません。敗訴側はしばしば原告と被告双方の弁護士費用を支払わなければなりません。通常の訴訟において片方の弁護士費用は五万ドルから八万ドルです。さらに驚くことに、この賠償金には懲罰的損害賠償金は含んでおらず、その総額は天文学的な金額になることもあります。

同情的な陪審員によって「精神的苦痛の故意加害」と認定されることは、弁護活動に伴う多大な費用とともに、被告の管理職やその組織の関係者に眠れぬ夜をもたらします。

権力の行使

権力の行使に反対していると誤解されることがないよう、リーダーによって権力を行使する場合があることを明確にします。

家庭においては、「教育委員会」が両親の教育権を一時的に預かることがあります。職場では、チャッキーに「もはやここでは仕事がない」と告げる必要があるかもしれません。たしかに合法的な権力の行使はあります。個人や企業において合法的な権力の行使が必要になるときがあります。しかしながら権力の行使を余儀なくされるときは、リーダーとしてはいつも辛いときとなります。なぜなら権威が失墜しているので、権力に頼らなければならないからです。

大統領制度成立二百周年にあたる一九八九年一月の大統領就任演説の中で新大統領となったジョージ・ブッシュは、権力の行使について祈りました。「天の父よ……『人々を助けるために権力を使わせてください』。私たち自身のためではなく、世界に誇示するためでもなく、名声を得るためでもありません。権力行使の目的はただ一つ、人々に仕えるためです。主よ、これを覚えさせてください。アーメン」。

権威とその影響

権威とは、個人的な影響力によって人々があなたの意向にすすんで従ってくれるスキル、と定義されます。人々に対して権力を行使することと、人々に権威を持つことは、別のことです。

母に頼まれれば、ためらうことなくどんなことでもできます。母は権力を行使するわけではありません。私は母より速く走れます。しかし母は権威を持っていました。母のためには何でもしました。母はどこからその権威を得たのでしょうか？　管理職者セミナーに参加したのでしょうか？　マネジメントに関する新刊書を読んでいたのでしょうか？　そうではありません。

母は、仕えてくれたのです。

二十五年前のことですが、最初の上司は厳しい人でした。今でも彼から叱られている悪夢を見ます。彼からのメールは「ジム、君が送ってきたレポートは全く平凡でありきたりだ」と、だめ出しばかりでした。

課題のやり直しは日常的で、何度も私をイラつかせました。でも今、落ち着いて考えれば彼は正しかったのです。高校や大学でも最後の数分ですべてをやってのけました。最小限の努力で物事を十分にこなしてきました。

しかし、この上司には全く通用しませんでした。彼は無愛想で、よく私を不機嫌にさせました。対立を好まない善い人だったので、私が不平を言ったり、ふてくされて何週間も口をきかなかったときは当惑しただろうと、今では悔いています。しかし、彼はそれ以上に、私が最高の自己になることに強い関心を持ってくれたのです。

聴き上手で、自分が話す前に私の言い訳をすべて聞いてくれました。定期的に感謝を表し、敬意をもって扱い（まるで重要な人物であるかのように）、たいていは私のニーズに合わせてくれました。

今でもこの元上司から電話があると、いつ何時《なんどき》であろうと次の飛行機で飛んで行きます。今ではすっかり年を取り、何の権力も持っていません。しかし、私には大きな権威を持っているのです。彼が必要とすることは何でもします。どこからその権威を手に入れたのでしょうか？　どんなビジネス書を読んできたのでしょうか？

彼は、仕えてくれたのです。

対立しているときはあまり好きではなかったのですが、今では大好きになりました。もし絶え間ない叱責がなければ、今でも私は最低限の努力で何とかやっていたことでしょう。私は道を誤って、たいしたことはしていなかったでしょう。長椅子に寝そべってアイスクリームとポテトチップスを食べながら、だらだらとテレビ番組を観ていると思います。彼は、怠惰を許さないほど私のことを気にかけてくれていたのです。

道徳的権威

今日のアメリカで進行している権力と権威の履き違えによる事例があります。

政治家がスキャンダル、特に性的スキャンダルを起こすと、マスコミと専門家は当事者が「道徳的権威」を失ったとの見解を示します。今日、ローマ・カトリック教会について専門家は次のように表明しています。教会は聖職者のスキャンダルによって「道徳的権威」を失いつつあると。では、「道徳的権威」とは一体何でしょうか？　道徳的権威とは、八十年前のマックス・ヴェーバーによる言葉です。

もし、性的スキャンダルが発覚した政治家が家族の価値や夫婦関係における貞節の大切さについて語るとしたら、何を話すのでしょうか？　私たちはすました顔でその話を聞くことはできます。しかし、その話を聞いている人に影響を与えることはないでしょう。

これこそがリーダーシップが何であるかを説明しています。通常、リーダーが話すと人々は影響され、行動を起こします。

アメリカの過去十年、二十年、ワシントンD.C.(アメリカ連邦政府）のマネジメントはうまくいっていたので、リーダーシップにはあまり関心がありませんでした。議員を選ぶときにはマネジメント能力のある人を選んできました。つまり景気を下げない、確定拠出年金を台無しにしない、法律を制定し、仲間とうまくやり、罪を犯して刑務所に入らないような人物です。

しかし、私たちに影響を与え、行動を起こすのを励まし、実を結ぶ人生を歩めるように助けてくれる、そんな政治家を求めているでしょうか？

一九六四年、アメリカ人の四分の三は政府が正しいことをしていると信じていました。最近の調査では、五分の一より少ない一八パーセントの人々が政府を信頼していると答えました。政府は国民に影響を与えているのでしょうか？　むしろ国民は国のリーダーたちを笑いものにしています。こんなジョークがあります。二人の年配の婦人が墓参りに行き、「ジョン・スミスここに眠る。政治家で、清廉潔白だった男」と記されている墓碑を見て、一人が言いました。「変ね、一つの墓に二人を埋葬したのかしら？」

多くの人が言います。「景気こそが重要だ。政治家の評価は株式市場の動きに連動している」。二〇〇〇年の調査ではアメリカ人の九〇パーセント以上がアメリカは道徳的・倫理的な崩壊に苛まれていると考えていました。

思い出してください。リーダーシップに関する究極のテストは、リーダーが着任した時よりも去った時に人々の状態が良くなっているかどうかです。政治家の奉仕によって人々は本当に良くなったのでしょうか？　国民は望んでいるものを得ているでしょうか？　たとえば確定拠出年金の利回り。あるいは国民が必要としている道徳と強い倫理に基づいて構築される国家になっているでしょうか？

　フランスの今は亡き大統領シャルル・ドゴールは、このように語りました。「人々は景気が良く、自由な生活を享受しているときは、高潔な人格に対してお世辞は言っても必要とはしない。しかし危機が差し迫ったとき、世間は高潔な人格を強く求める」。

　アメリカの最近の十五年を考えてみましょう。冷戦は終結し、世界大戦や人種暴動もなく、鉄のカーテンが崩壊して、好景気によってアメリカが世界で唯一の超大国になりました。アメリカにとっては時代が味方してくれました。良きマネジメントは国民が望んでいるものすべてを与えてくれました。しかし二〇〇一年九月十一日以降、すべての状況が変わりました。祈り、国家、国旗、リーダーシップ、愛国心などの言葉が再び使われだしたのです。

　平和時には軍隊が普通の管理運営でうまくやれるのは百も承知です。しかし戦時にはそうではありません。軍隊のリーダーが出動を渋る部隊を何とかして戦場に派遣する状況を想像できますか？

　繰り返しますが、リーダーシップは影響です。アメリカでは、大統領が国民に直接語りかけ、国民が応答する時があります。第二次世界大戦においてルーズベルト大統領が国民に犠牲を求めた時がそうでした。国民はそれに応えました。それがリーダーシップです。

本物の権威（影響力）は獲得されるものであって、仕事、役職、特別手当からくるものではないのです。もし長期間にわたってリーダーシップを発揮しようとするなら、権威を身につける方法を学ぶ必要があります。数年間なら権力によってリーダーシップを発揮することはできますが、それは砂上の楼閣です。いずれ必ず崩壊します。

影響力を持つとは、個人の利益のために人を操ったり、説得したり、圧力をかけたりすることではありません。リーダーシップは共通の利益のために人々に影響を与えることです。リーダーシップは他者のためにすすんで犠牲を払う意志であり、そして他者の正当なニーズに応えることです。自分が率いる人々の最大の利益を求めるという選択は自由になされ、無償で与えられるものです。リーダーシップは、正しいことを、正しさゆえに選択するのです。報酬の有無には影響されません。

喜ばしいことに、権威は他者に仕えようとする多くの人々によって形成されます。スティーブン・コヴィーは『7つの習慣』（原題：The Seven Habits of Highly Effective People）でそれをこのように語っています。「誰でもサーバント・リーダーになることができる。誰でもイニシアチブをとることができる。それは任命されたリーダーである必要はなく、道徳的権威に基づいて行われる必要がある。サーバント・リーダーシップの精神は道徳的権威の精神なのだ」。

権威に基づく関係においては、人々に矯正が求められるとき、リーダーがすべきことは、「私はあなたに失望している」と相手の目を見てはっきり話すことです。

権威に基づく関係の中では、人々はリーダーを失望させるよりも、叱られたり褒められたりするほうが良いと考えています。いつでも人々はリーダーを失望させたくないのです。

これこそが、この地上で最も強力な動機《モチベーション》づけなのです。

第3章　リーダーは仕えることで権威を得る

あなたがたの中でリーダーになりたい者は、初めにしもべにならなければなりません。人をリードしたいなら、まず仕えなさい。

イエス・キリスト

わが家を訪れるなら、本棚に隙間なく並べられた大量の本が目に入ります。本棚に近づくとリーダーシップに関する本ばかりだと気づくでしょう。三十五年以上、リーダーシップ論を研究してきました。

権力で人々をリードするのは容易です。私は二歳の頃から権力をうまく使い始めました。しかし思春期になると、権力を使う代償を理解するようになりました。たとえば顔面パンチを受ける、余分で面倒な仕事が増える、そして人間関係の破綻などです。

それで、別のタイプのリーダーシップに目を向けました。歴史上の偉大なリーダーたちは、一体どのようにしてリーダーの意志に人々を喜んで従わせたのか、たとえその従順が死を意味したとしても、なぜ人々は従ったのか、とても興味を持ちました。つまり過去の偉大なリーダーたちは、どのように人々を説得することができたのでしょうか？

権力の行使には限界があることが経験と常識からわかってくると、「リーダーシップの原則とは何か？」を探求することになりました。

この疑問の答えを得るために、軍事、教育、宗教、政治、産業、スポーツの各分野における多くの偉大なリーダーを研究しました。また、古今東西の神秘主義者、賢人も研究しました。

そしてある日、イエス・キリストがリーダーシップについて語ったことを調べるべきだと気づいたのです。

史上最も偉大なリーダー

なぜイエスを取り上げたのでしょうか？　それには実際的な理由があります。私のリーダーシップの定義によれば、イエスは偉大なリーダーでした。仮にリーダーシップが影響力だとすると、イエス・キリスト以上に大きな影響を世界に与えた人が歴史上にいるでしょうか？　もしいるならイエスに匹敵する人物の名前を挙げてみてください。

H・G・ウェルズは著名な作家であり、歴史家、随筆家でもあり、キリスト教に対しては手厳しい批評家です。彼はこう述べています。「私は歴史家でありキリスト教信者ではないが、歴史家として、ナザレの貧しい説教者が歴史の中心にいることは決して否定できない。イエス・キリストは歴史上最も主要な人物であることは間違いない」。

今日、世界人口の約三分の一、二十億以上の人々がクリスチャンだと自認しています。アメリカ人の十人中八人以上が自らをクリスチャンだと称しています。世界で二番目に多いイスラム教は、キリスト教の約半分の信者数です。世界の多くの国々でイエスの人生の節目の日を国の祝日としています。暦はイエスが生まれた日から始まりました。イエスの孤独な人生が歴史に大きな影響を与えていることを誰も否定できません。

フランスのナポレオンは、このように語りました。「アレクサンダー大王、皇帝シーザー、カール大帝、そして私は帝国を築いた。しかし、我々は自分の帝国をどのような土台の上に築いたのだろうか？　力の上にである。イエス・キリストは愛の上に神の国を築き、そして今この時も、何百万人もの人々がイエス・キリストに命さえ献げている」。

リーダーシップの原則

新約聖書のマタイによる福音書の中でイエス・キリストは、リーダーシップについて決定的な言葉を残しています。いろいろな表現がありますが、要はリーダーになりたい者はまずサーバント（しもべ）にならなければならないということです。もしあなたがリードすることを選ぶなら、まずは仕えなければならないというのです。

正直なところ、初めてその言葉を読んだとき、日曜日の教会活動にとっては素晴らしい理念ですが、今日の一般社会におけるリーダーシップとしては全く役に立たないと思いました。私たちは権力が支配する世界に住んでいます。あなたは管理・監督下に置かれ、上司にこき使われます。仕えるですって？　上司の機嫌をとるために十五年間懸命に働いてきました。そして今ようやく上司になったところで、再び私に仕えろと言うのですか？　そんなばかな！

私のお気に入りの格言は次のように教えています。「生徒に学ぶ準備ができたときに、教師は現れる」。イエスの言葉を読んで間もなく、マックス・ヴェーバーの本に出会い、権力と権威の違いを理解できました。権力と権威の違いを把握しなければイエスの意図したことが理解できません。

リードすることは仕えることだとイエスが語ったとき、権力でリードするとは言っていませんでした。イエスは世俗的な権力を持っていませんでした。皇帝シーザー、ヘロデ王、ローマ人たち、総督ピラト、そして祭司長たちは絶大な権力を持っていました。

イエスは権威でリードすると語っています。もし人々に喜んでついてきてもらいたいなら、そして思慮深い人々にも影響を与えたいなら、先にあなたが人々に仕えなければならないと教えています。正当なリーダーシップと影響力は、リードされる人々のために仕え、犠牲を払い、最大の利益を追求することによって築かれます。影響力は役職や権力からくるのではありません。影響力は獲得すべきものです。そこに至る近道はありません。

私の前著『サーバント・リーダー』では、権力を持たずに権威によって大きな変革を成し遂げた偉大なリーダーたちの事例を詳しく述べています。ガンジー、マーティン・ルーサー・キング、ネルソン・マンデラ、マザー・テレサのような人々です。

もう一度言います。影響力と正当なリーダーシップは、仕えることと犠牲の上に成り立っています。たしかに健康保険料が月十ドル高くなることを「犠牲」と定義する従業員が多い昨今、ビジネス書で「奉仕」と「犠牲」について語るのは少し無理があるかもしれません。

この要点についてさらに説明します。最近スーパーボウルを観ていると、「Hi, Mom: hi, Mom!」と叫びながら「I LOVE MOM」と手書きのサインを掲げてサイドライン上にいる年俸九百万ドルの選手を見ました。

どうしたんでしょう？

田舎の酒場で喧嘩を始める口実は相手の母親を侮辱する言葉を浴びせることだと、昔からよく言われています。たいていは椅子やテーブルが飛び交うことになります！

それがどうかしたのかって？

それとリーダーシップとどんな関係があるのでしょう？

つまり、仕える人の手本は母親であり、母親はずっと子どもに仕えてきたのです！

収穫の法則

これはロケット科学のような難しい話ではありません。

私はこれまで幾度か学齢期の子どもたちにもサーバント・リーダーシップの原則について教えてきました。子どもたちはこの概念をすぐに理解します。つまり「収穫の法則」です。あなたは自分が蒔いたものを刈り取ることになります。奉仕と犠牲の種を蒔き、惜しみなく自分を与えて人々の最大の利益を求めるなら、彼らへの影響力を築くことになります。決まり文句にあるように、「あなたが私を助けてくれるなら、私はあなたを支援します」

です。

自宅の裏庭に高さ十八メートルの木があると想像してみてください。その木は枯れ、樹皮は剥がれて灰色になっています。あなたは専門業者に頼んで木を切り倒したいのですが、金銭的な余裕がありません。ある土曜の朝、親切な隣人がチェーンソーを持って現れ、「今からあなたと二人でその枯れ木を切り倒しませんか？」と声をかけてくれました。木を切り倒した後、細かく切って山積みし、後片づけをして週末を終えました。隣人は切り株を取り除くのも手伝ってくれました。日曜の夜、二人はガレージでリラックスしてソーダ水を飲んでいます。さて、この隣人についてどう思いますか？

彼はあなたのことをよく知らないのに、家の前を車で通るたびに庭の枯れ木を見て手伝うことを考えていたのでしょう。奉仕する機会を求めていたのです。もう一度言いますが、これは量子力学のような難しい話ではありません。あなたが私に仕え、私があなたに仕えるという話です。

一〇パーセントの人々に要注意

人々が必要としているものを与えたら、人々はあなたが必要とするすべてのものを与えてくれるという単純な真理を多くのリーダーが把握できないことが、私には全く理解できません。リーダーシップは、リーダー自身が成し遂げたことではなく、人々を介して成し遂げたことによると定義されます。もし私たちが人々の必要を満たすなら、私たちは偉大だと見なされるのです。

このことを信じますか？「収穫の法則」を信じますか？自分が種蒔きしたものを必ず刈り取ると信じますか？

あなたは、このことに懐疑的なのかもしれません。なぜなら、人々は権威に応答しないことがあるからです。これは事実です。セミナーでは聴衆に次のように話します。「前もって断っておきますが、あなたがリードしている人々の一〇パーセントぐらいはあなたの権威に従わないだけではなく、不満の態度を示したり、築き上げてきたあらゆるものを壊そうとします」。世間には悪い人々がいます。もしあなたがこのことについてわずかでも幻想を抱いているなら……二〇〇一年に起こった9・11の悲劇がその幻想を砕いてくれることを願います。

一部の悪い人たちのせいで懐疑的、皮肉屋にならないようにしてください。一〇パーセントの少数者に打ち負かされた多くの管理職を知っています。彼らは誰であっても批判するのです。つまり、「あなたはもう誰のことも信用できないさ」、「みんなモチベーションが持てないんだよ」、「生活のためにきつい仕事なんてやらないよ」、「若い奴らは忠誠心ってものを知らないからね」などです。多くの組織において、必要とされていない一〇パーセントの人々のために企画書、マニュアル、ハンドブックが作成されているとしたら、それは愚かなことです。

私のアドバイスは、グループの中に一〇パーセント程度そのような人々がいたら、ただちにグループから出て行ってもらうことです。私がサーバント・リーダーとして信頼しているＣＥＯの一人は、こういった人を解雇するとき、必ずこう伝えるそうです。「私は君のことが大好きだ。君がいなくなると淋しくなる」。

毎週金曜日、あなたの子どもが親の許可なく車とクレジットカードを持ち出したらどうしますか？「息子よ、もうおまえとは一緒に暮らせない」。そう伝えなければならないときが必ずきます。

これは「厳しい愛」と言われていますが、私の知るところでは多くの組織で十分に実践されていません。

私はマザー・テレサではありません

歴史上の特別な権威を得たリーダーたちの事例を挙げる際に注意すべきことの一つは、偉大な権威と自分たちは無縁だと早々に諦めてしまうことです。セミナーの中で過去の偉大なリーダーについて語るとき、ときどき感情を高ぶらせる人が出てきます。「何をすべきだろうか？　イエスのように人々のために死ぬべきか？　ガンジーのようにハンストをすべきだろうか？　ハンセン病患者をカフェテリアで見つけてマザー・テレサのように助けなければならないのだろうか？　私はシアーズ（訳注：アメリカの老舗デパート）の管理職にすぎない。勘弁してもらいたい！」

そうではありません。いつも次のように説明しています。

「皆さんの注意を引くために歴史上の事例を紹介しているだけです。幸いなことに、努力し犠牲を払って他者に仕えるなら、いつでも権威と影響力を身につけることができます。誰にも勤務先のオフィスで命を捧げることや赤十字に献血に行くことを強要しません。ただ、人々への感謝の気持ちを具体的に表してみてはいかがでしょうか？　人々を重要人物のように扱うのはいかがですか？　人々の話を聴くために少し時間をとれば、助けになるかもしれません。細かく指示し、命令するのを止めて、信頼して仕事を任せるのはどうでしょう？　仕事を任せて支援するなら、その人がなりうる最高の自己になるのを助けることができます。しかし、社内でそんなことが可能でしょうか？」

誰でも仕えることができる

マーティン・ルーサー・キングはこのように理解していました。「すべての人は偉大になれる。なぜなら誰もが他者に仕えることができるからだ。仕えるために大学の学位は必要ない。仕えるために正確な文法も必要ない。仕えるために……物理学における熱力学の第二法則を知らなくてもよいのだ。ただ神の恵みで満たされた心が必要なのだ。愛によって生み出された心が」。

他者への奉仕と犠牲は多くの方法で達成されます。他者の真のニーズを見極めてそれに応える場合、犠牲を払わなければならないことがあります。自我、権力への欲望、自尊心、興味などを大義のために諦めなければならないかもしれません。「好かれたい」という欲求、争いを避ける悪い習慣、すべての答えを持っていたいという願望、良く見られたいという欲求を諦めなければならないかもしれません。他者に仕えるとき、感情的には抵抗があっても赦し、謝罪し、信頼しなければなりません。他者に手を差し伸べ、拒絶されたり、感謝されなかったり、時にはつけ込まれることがあるかもしれません。人々と共に、人々のために正しいことを実行する妨げになるものを、犠牲を払って取り除かなければなりません。

しかし不幸にも、多くのリーダーはこれらのことをあまりにも高い代償だと考えます。一旦リーダーの地位に就くと、今度は人々が仕えてくれる番だと信じています。ピーター・ドラッカーは「奉仕しないリーダーに価値はない」と語っています。

喜ばしいことに、誰でも他者に仕えることができます。一人ひとりが他者の人生に良い変化をもたらす能力を持っており、特にリーダーにとっては真実なのです。

アンネ・フランクはヒトラーがつくった強制収容所で亡くなりましたが、この点について明快に語っています。「世界をより良くするために誰も一瞬たりとも立ち止まる必要がないというのは、なんと素晴らしいことでしょう」。

感情的二歳児

もし人間の基本的な性質を理解したいなら、二歳児の行動を観察すればよいのです。二歳児の人格は「私が一番！」（Me First!）と二語に要約できます。

この基本的な性質は二歳のときは可愛く見えますが、五十歳になるといただけません。魔の二歳児の時期をうまく乗り越えられなかった経営幹部、管理職と関わったことがあります。魅力的でウイットと知性がありアルマーニの服を着た人物の背中には、「私が一番。おまえのことなんて知るか！」というメッセージが書いてあります。

妻はカウンセリングの中で感情面が二歳児のような大人を扱ってきています。彼らはカウンセリングを無視して自分の感情に浸り続けます。「私の必要、私が欲しいもの、私の望み、私の問題、私のインナーチャイルドは、私、私、私！」、彼らは「私」を乱用します。妻は、カウンセリングをしてきた中で、このような人たちが最も不幸で惨めな心を持っていると言います。「私」という殻を破り、他者のために努力して人々の真のニーズに応えるときに自分自身のニーズも満たされるという事実は、人生の不思議で素晴らしい逆説の一つです。

優れたリーダー、優れた人間になろうとするなら、自己中心の問題を克服しなければなりません。私たちは成長しなければならないのです。リーダーになることを決心した瞬間に他者の必要が最優先事項になります。今日のアメリカ軍においては、将校は兵士の食事が終わってから食事をとります。

フィル・ジャクソンは有名なバスケットボールのコーチです。彼は、スーパースターや気難しい性格の選手たちを一つのチームにまとめ上げて勝利することで知られています。著書『シカゴ・ブルズ　勝利への意識革命』（原題：Sacred Hoops: Spiritual Lessons of a Hardwood Warrior）の中で、こう述べています。「勝利するチームを作る効果的な方法は、自分よりも大きな何かとつながりたいという選手たちの欲求を呼び起こすことだ。ＮＢＡの優勝チームや売上の最高記録を上げる営業チームを作る人たちは自らを〝霊的〟だとは考えていないが、成功するチームを作ることは本質的に霊的なことなのだ。なぜなら、個人がより大きな利益のために自己の利益を放棄することが求められ、その結果、個人よりも全体が栄えるからだ」。

幾人かが私に言い続けてきたことは、「奉仕や犠牲のような戯言《たわごと》には全く興味はない。私は常にナンバー・ワンになることを求めてきた。誰もやりたがらないことを私はしない」。もしあなたが「私が一番！」になろうとするなら、それも一つの選択です。しかし、そのような人はリーダーにならないでほしいのです。もしあなたが「私が一番！」という考え方にとどまっているなら子どもを持たないでほしい。結婚して相手に依存しないでほしい。「私が一番！」「私のキャリア」に囚われているあなたのために、従業員に大切な人生の半分の時間を使わせないでほしいのです。

どうか別の選択をしてください！　一人用のヨットに乗って世界を回り、エッセイでも書いてください。詩人のＷ・Ｈ・オーデンが皮肉を込めて言っています。「私たちは他者に良きことをするためにこの地上を生きている。その他者が何のためにこの地上にいるのかはわからないが」。

仕えることの喜び

先に述べたように、他者に仕え、他者にとっての最高の利益を求めるとき、努力して犠牲を払うことが必要になります。困難な仕事であり、意志の弱い人ができるようなことではありません。

イエス・キリスト、ガンジー、マザー・テレサのような権威による偉大なリーダーについて学ぶなら、それぞれが他者に仕えることから得られる大きな喜びについて語っていることがわかります。

偉大なアメリカの精神科医カール・メニンガーは百歳近くまで生きました。彼が亡くなる前の一九九〇年、神経症を患っている人へのアドバイスについて尋ねられたことがあります。すると彼は、「家を出て、線路の向こう側に行き、困っている人を見つけて助けてあげなさい」と答えました。

しばらく「私」を忘れましょう。そうすれば「私」はたくさんの良いことをするようになります。

ある日、テレビで「ラリー・キング・ライブ」を観ていました。ゲストはクリストファー・リーブと妻のダナでした。ご存じのようにリーブは乗馬の事故で首の骨を折り、障害を持っています。この夫婦がどんな苦しみを通ってきたのか私には想像もつきません。

その番組での対話の一部を紹介します。

ラリー「これまでに落胆したことはありましたか？」

ダナ「自分たちの身に起こったことを悲しく思ったとき、最初にしようとしたのは、他の誰かのために役に立とうとしたことです。そして、そのことで気分が良くなったのには驚きました」。

クリストファー「行動を起こす。自分自身に注意を向けない。それが一番大切なことです」。

アブラハム・リンカーンは簡潔に語っています。「良いことをすれば、良い気分になる」。

選択の件に話を戻しましょう。他者に仕えるのか、単に自分自身に仕えるのか、私たちは決断しなければなりません。

結局は、サーバント・リーダーになるのか、利己的なリーダーになるのか、それぞれの選択なのです。

第4章　リーダーシップと愛

それと愛とは、どんな関係？

ティナ・ターナー

死と選択、それは果たして権利なのでしょうか？

十二年以上前から私のビジネスセミナーに「愛すること」の概念を導入することにしました。

しかし私の出身地デトロイトでは、特に男性の聴衆にとってこれはかなり大きな戸惑いでした。愛について語るまでは話に頷き納得してくれていましたが、愛の話になると突然退屈そうになり、居眠りを始め、時にはイライラし始めました。

私は権威による偉大なリーダーについて学んできました。イエス・キリストからマーティン・ルーサー・キング、ガンジーからマザー・テレサ、ハーブ・ケレハーからジャック・ウェルチ、そしてこのリーダーたちが常に四文字の言葉、「愛（LOVE）」について語ってきたことに感銘を受けてきました。

二〇〇一年十一月の「フォーチュン」誌でジェフリー・コルビンは、「愛に何の関係があるのか?」というタイトルの刺激的な記事を書いています。そこではサウスウエスト航空のハーブ・ケレハーとGEのジャック・ウェルチが愛について熱く語り合っています。

特にビジネスの現場で愛について言及すると不愉快な気分になるのは、愛を感情として捉えているからです。英語ではテニス用語（ラブ）を除いて愛という言葉はほとんどの場合、好意と結びつけられているため、本来の意味が台無しになっています。

たとえば、私は仕事が好き、私の犬、私の家、私の妻、そして一九六八年製のシボレー・カマロが大好き（Love）だ、というように使います。「気分がいい」というだけで「I love it.」と言います。何かについて良い気分でなければ、愛という言葉が思い浮かばないのです。

愛は動詞です

ヴィンス・ロンバルディは伝説的なアメリカン・フットボールのコーチですが、「選手を好きになる必要はない。しかし人として愛さなければならない」と語りました。愛？　ちょっと待ってください。ロンバルディは「勝利することがすべてではない。それが唯一のことだ！」と言ってのけるタフガイでしたよね？　人々は彼が人生の後半になって主張を撤回し、懸命に努力したことを知りません。後に彼はこう語っています。「あの忌まわしいことを言わなければよかった……私は努力すること……目標を持つことの大切さを伝えたかった……私は、人間の価値観や道徳を否定するつもりはなかった」。ロンバルディは感覚（感情）の愛と意志（決断）の愛の違いを明確に理解したのです。

情熱やロマンスを伴った感情的な愛、そして温かな気持ちは、愛の言語、愛の果実、愛の表現です。しかしそれらは真実の愛そのものではありません。

意志的な愛は決断です。意志的な愛は、その日その時の気分に関係なく、他者の真のニーズ、利益、および幸福に心を配る、意志による選択です。

私が大好きな作家の一人に、イギリス人でキリスト教弁証家のC・S・ルイスがいます。彼は愛についてこう書いています。「愛は感情ではない。感情ではなく、意志にまつわる事柄だ。意志は私たちが自然に持っているものだが、他者に対しても愛の意志を向かわせることを学ばなければならない……それは、私たちの誰もが自分自身の利益を願い求めていることを意味する」。

覚えておいてほしいのは、地球上の誰もが自分の好きな人を愛することならできるということです。ヒトラー、スターリン、サダム・フセインでさえ、彼らから利益を受けた人にとっては素晴らしい人だったのです。誰もが大切な人々にはキスをします。しかし、好きでない人々を愛せますか？

これがロンバルディの語る愛なのです。ロンバルディは、ある選手との出来事を語っています。二人は互いに苦手意識を抱いていました。しかしロンバルディは、その選手の卓越性を認め、彼がなりうる最高の選手になるために積極的に支援しました。それほど、彼はその選手のことを気にかけていました。彼は、自分の愛は〝厳しい〟とさえ言いました。

これを信じるのは難しいと思うかもしれません。しかしどうでしょう。わが家では、妻は私のことを好きになれないときがあります。しかし、妻が私を愛し続けることに少しも影響を及ぼしません。妻は自分の感情に関係なく私に対して親切で、敬愛し、赦し、献身的でいてくれます。今週も私はさえないオヤジのような振る舞いでしたが、変わらずに私を愛してくれます。あなたも私と同じでしょうか？

先に述べたように、愛はサウスウエスト航空で頻繁に使われる言葉です。事実、サウスウエスト航空の長年のコマーシャルソングは「愛が築いた航空会社」（The airline that love built.）であり、サウスウエスト航空の従業員は愛について語るのではなく、愛によって行動するために懸命に努力しているのです。創業者のハーブ・ケレハーは、「恐れではなく愛によって結束するとき会社は強くなる」と語っています。

さて、本書では愛という言葉を使います。それを使うときは、その話の内容を明確にします。人々についてどのように感じているか、またはセクハラ法に違反しているかどうかを指摘しているのではありません。日々どのように振る舞うかについて語っています。人々が成長し、その人がなりうる最高の自己になることを助けることに関心がありますか？　気が向かないときでも他の人々のために懸命に努力していますか？　導いている人々の最高の利益を求めていますか？

この本の目的のために、愛を次のように定義します。

愛とは、他者の正当なニーズを見極め、それを満たし、他者の最大の利益を求めて努力する行為。

愛についてふさわしい言葉は「愛とは、愛するという行動」です。

言葉ではなく行動で示す

およそ八百年前、アッシジの聖フランシスコは弟子たちに、「いつでも福音を語りなさい。必要なら、いくらかの言葉を用いて」と語りました。

私が若くて浮かれていた時分、バーなどで友人たちと夜遅くまで飲んで騒いだものです。既婚者の仲間が午前三時に「妻のいる家に帰らなくっちゃ。妻を愛しているからね」と言ったとき、少し奇妙に感じました。「おまえは妻を愛している。でもこんな時間まで好き勝手にやってたじゃないか？」

他の仲間は自分がどれほど子どもを愛しているかを語りましたが、子どもたちのために週に一時間も時間を割くことはなかったのです。彼は、時間は長さじゃなく質だと言い訳をしていました。愛とは語る言葉なのか、それとも行動なのか、疑問でした。

コンサルタントをしていた「暗い」時代を振り返ってみると、労働組合と交渉し、機能不全の企業と仕事をしているとき、ＣＥＯが「資産の自慢話」にどれだけ時間を使うかを同僚と賭けたことがありました。

ＣＥＯの話は、だいたいこのように始まりました。「ジム、初めにとても重要なことを話しておくよ。それは、つまり社員が、わが社の最も大事な資産だということだ。我々は社員をとても大切に思っている」。

この資産についての自慢話の終わりになると、思わず口走りたくなりました。「そうですか？　ではフォークリフトを運転しているチャッキーに聞いて、それが本当かどうか確認してきます。三十秒以内にできますから」（正しくは、社員は重要な資産ではなく、有能な社員こそが重要な資産でした）。

人々は「一般的に正しい」ことを口にするものです。しかし年を経るにつれて、彼らの言葉よりも行動に関心を持つようになりました。

ラルフ・ワルドー・エマーソンは端的に言いました。「あなたが耳元で大きな声で話すので、私は聞き取ることができません」。

愛とリーダーシップの特質

私のセミナー、ワークショップには幅広い層の人々が参加するようになりました。プレス加工の作業員、学生、清掃作業員、医師、ボーイスカウト、フォーチュン５００の編集長などです。

セミナーでは参加者に偉大なリーダーの特質をリストアップするように求めます。リーダーシップの最も重要な事項について、より大きなグループから知恵をいただきたいと思ったからです。

実際にやってみると「リーダーシップの特質」の回答は、どのグループもほぼ同じであることに驚きました。共通の回答として挙がったのは、正直であること、尊敬に値すること、毅然としているが公平であること、感謝の心があること、コミュニーケーション能力が高いこと、献身的であること、言動を予測しやすいことです。

ちょうど同じころ、親しい友人の結婚式に出席しました。その結婚式において新郎新婦が誓約をする前、キリスト教の結婚式において必ず読まれる有名な「愛の賛歌」(新約聖書　コリントの信徒への手紙一13章）が牧師によって読み上げられました。それまで私の結婚式を含めて百回はこの聖書の言葉を聞いてきました。しかしなぜか今回は、その言葉が難しく聞こえました。たぶん、ようやくそれを学ぶ準備ができたのだと思います。

牧師が読んだ聖書の言葉です。

「愛は忍耐、愛は優しさ、ねたまない自慢しない(謙虚)、高ぶらない(敬意)、礼を失せず自分の利益を求めない(無私)、恨みを抱かない(赦し)、不義を喜ばず真実を喜ぶ(正直)、すべてを忍び、すべてを信じ、すべてを望み、すべてを耐える(献身)」。

牧師が新郎新婦に向けて読み上げたリストは、私がリーダーシップ・セミナーで目にしたものとほぼ同じでした。二千年前の愛の定義は今日まで色褪せず、リーダーシップの定義にもなっています。その時、日の下に新しいものはないことを確信しました。

このリストを見て何を感じますか？「愛はロマンス、愛は情熱、愛は花とキャンディ」の定義はどこにありますか？　あなたはどうかわかりませんが、このリストにはたくさんのなすべきことが含まれています。私はこう思います。結婚式であのリストが読まれる理由は、甘い感情はやがて消え去り、その時こそなすべきことに取りかかる時だからだと。トニー・カンポロは著名な大学教授、作家、講演者です。彼はこのように語っています。「すべての結婚式は結婚生活に入るけじめの時だ。しかし結婚生活が始まって始めの盛り上がりや感情の高ぶりが過ぎ去らないと、何をなすべきか決してわからない」。

誰でも結婚の申し込みと新婚旅行はできます。誰でも愛について語ることはできます。ザ・ザ・ガボールの話を思い出します。「二十年間一人の男を愛すのに比べたら、一年間に二十人の男を愛するなんて簡単なものよ」。

同じことがリーダーシップについても言えます。誰でも配偶者、親、上司、コーチ、教師にはなれますが、困難な状況に陥ったとき、自分の本当の力を知ることになります。

愛の八つの特質について確信できるようになったのは、愛の定義が素晴らしいからではなく、その八つがリーダーシップの特質を最もよく表しているからです。リーダーシップの特質は、定義されるだけでなく、人格の真の意味を具体化するからです。事実、この八つの特質は、わが家の八歳の子どもに七年間繰り返し教えてきたことです。人格の形成については後述します。

他者を愛するとは、正しいことを実行することです。リーダーシップとは、正しいことを実行することです。人格とは、正しいことを実行することです。繰り返しますが、リーダーシップの開発と人格の成長は同じ営みなのです。

愛の特質の定義

先ほどの結婚式に出席した後、家に帰るのが待ちきれませんでした。なぜなら、二千年前の愛の定義と私のセミナーで作った「リーダーシップの特質」のリストを比較し、両者がほぼ完全に一致していることを確認したかったからです。また辞書で八つの特質をより正確に定義する必要にも迫られました。

リーダーシップには忍耐が求められる

忍耐の定義は「自制を示す」です。

この人格の特質はリーダーにとって重要でしょうか？　重要というだけでなく、忍耐は愛そのものなのです。なぜなら忍耐と自制とは人格の本質的な特質だからです。

自制は「衝動抑制」と表現するのが適切です。毎日小さな娘に自制を教えています。それは娘がしたいと感じていることではなくて、何をするのが正しいかを判断し、対応できるようになるためです。

一般的な欲求、気まぐれ、欲望、そして他の過剰な衝動を抑制できなければ、困難な状況の中で人格の力に頼って解決できる見込みはほとんどないのです。優れたリーダーであるためには、衝動ではなくて原則からの対応を習慣化することです。心（感情）に代えて、頭（価値観）を用いるべきです。

忍耐と自制は、健全な人間関係の基本です。もし疑わしいと思うなら、自分自身に尋ねてみてください。「私は感情をコントロールできない人々と良い関係を持てるだろうか」と。

忍耐と自制は、どちらも気分と行動において一貫性があり、予測可能です。あなたは大丈夫ですか？　一緒にいて気の休まる人ですか？　話しかけやすい人ですか？　反対意見にうまく対処できますか？　批判についてはどうですか？

情熱や感情を無視しろと言っているのではありません。情熱（またはコミットメント）は基本的なリーダーシップの特質であり、この後で論じます。人々に対して忍耐し、自制心を維持しながらも情熱的であることができるのです。もしあなたが、良いことだけでなく悪いことも気軽に伝えられるような安心感を与える人でないなら、気をつけてください。

しばしばセミナーにおいて、悪い感情と意志を持ち、人々に怒りをぶつけ、不適切な感情を爆発させてしまう人に出会います。彼らに共通する弁解があり、このような言い訳をして自分の行動を正当化します。「あれが普段の私です」、「ご覧のとおり私も赤毛です」（訳注：赤毛は怒りっぽいと言われている）、または「父親とそっくりなんです」など。そんなとき、私はこのように答えます。「最後に怒ったのはいつでしたか？　ＣＥＯに腹を立てたのはいつですか？　大切なお客様に対してはどうですか？」

もちろん彼らは「そんなことはしていません」と答えます。

それに対して、こう応答します。「ＣＥＯやお客様には自分の感情を制御できるのに、あなたのために働いている従業員にはそれができないのですね？　なぜでしょう。どう思いますか？」

高校卒業後、社会人リーグで長年ソフトボールの選手をしていた人がいました。素晴らしい男性ですが、審判にとってはやっかいな人でした。彼の短気はリーグでも物笑いの種でした。判定に納得しないと審判に向かって大声で怒鳴りつけ、唾を吐きました。審判に対していつも怒りの感情を抱いていました。結果、いつも退場させられました。

ある年のリーグ戦で、新たに教会の牧師を審判に雇いました。どうなることかと心配しましたが、偶然にもこの審判は、その気難しい選手が通う教会の牧師だったのです。その年、何度退場になったかと思いますか？　一度もありません！　一試合も退場処分にさせられることなく全シーズンを無事に終えたのです。

彼に理由を尋ねたとき、答えは単純でした。「牧師には逆らえないよ」。

さて、あなたは忍耐と自制を選びとることができますか？　怒りは自然で健全な感情です。情熱は、持つべき素晴らしい感情です。後で考察しましょう。しかし、怒りや情熱に任せて行動し、他人の権利を侵害するのは不適切であり、人間関係を損なうことになります。これは制御できるし、しなければならないのです。

リーダーシップには優しさが求められる

辞書によると、優しさの定義は「注意を払い、感謝し、励ますこと」とあります。二つ目の定義は、当たり前に礼儀を表すことです。

優しさは愛の行動（動詞）です。なぜなら、優しさは他者のために努力することだからです。たとえその人を好ましく思っていない場合であってもです。親切や当たり前の礼儀は人間関係を円滑にするための行為です。他の人に感謝し、励まし、礼儀正しく傾聴し、信頼を与え、人の努力を褒めることは、自分自身を他者に惜しみなく与えることです。

ウィリアム・ジェームズはアメリカの哲学者であり心理学者ですが、人の性格の中心には感謝されたいという願望があると語っています。

最近、子どもたちに感謝しましたか？　配偶者、上司にはどうですか？　あなたのリーダーシップのもとで働いている従業員にはどうですか？　同僚にはいかがですか？　マザー・テレサは「人々はパンよりも愛を求めている」と言いました。

優れたリーダーは、自分と関わりのある人を、その人がなりうる最高の自己になるように励まします。優れたリーダーは、押したり、引いたり、なだめたり、そして励ましたりして人々の仕事のレベルを引き上げます。優れたリーダーは、快く励まし、知識や経験を分かち合い、また常に前向きな影響を与えます。覚えておいてほしいのは、あなたが上司でなくても、他者を励まし、影響を与えることはできるということです。

小さな行い、当たり前の親切は、家（house）を家庭（home）にします。「どうぞ」、「ありがとう」、「ごめんなさい」、「私が悪かった」のような小さな一言が大切なのです。朝、廊下で「おはよう」と挨拶するのはもちろんのこと、優しさは人間関係における潤滑剤です。

リーダーシップには謙虚さが求められる

辞書では謙虚（humility）を「信頼でき、虚偽や高慢さがないこと」と定義しています。謙虚は愛と同様に英語の表現において誤解されてきた言葉です。謙虚の反対は傲慢、自慢、うぬぼれです。それゆえ多くの人は誤って、謙虚を目立たないこと、消極的、極端に控えめ、引っ込み思案であること、または「自己憐憫」にさえ結びつけています。

それとは逆に、謙虚なリーダーは、劣等感からくる卑屈な感情には悩まされません。謙虚なリーダーは、価値観、道徳心、正しいことを行うことに関してライオンのように大胆になれます。謙虚なリーダーは、集中力を維持して任務を遂行すること、利益目標を達成すること、従業員に責任を持たせることに関してピットブル（訳注：ブルドックとテリアの血筋を引いた犬種）のように勇猛なのです。

謙虚なリーダーは、自分の本当の姿をさらけ出すことができます。謙虚なリーダーは、すべての人と同じように自分も疲れることを認めます。謙虚なリーダーは、自分が他の誰とも同じであることをよく理解しています。謙虚なリーダーは、何も持たずに生まれて、何も持たないでこの世から去ることを知っています。（霊柩車が引越し用トレーラーを引っ張っているのを見ませんね）。謙虚なリーダーは、自分の内にある二歳児の部分を乗り越え、感情的未熟さも克服します。謙虚なリーダーは、成長し続けます。

謙虚なリーダーは、他者の意見を聴くために意欲や熱心さを表に出し、反対意見を聴く耳を持っています。謙虚なリーダーは、すべてのことに対して答えを持っていないことを承知しています。イギリスの批評家ジョン・ラスキンは、「本当に偉大な人は、偉大さは自分たち自身が持っているものではなく、自分たちをとおして現れるものだという不思議な感覚を抱いている。それゆえ、彼らは謙虚なのだ」と語りました。

謙虚なリーダーは、自分自身のことや出来事を気にしすぎることはありません。謙虚なリーダーは、自分自身と世界を笑い飛ばすことができます。というのは、人間は楽しむ必要があることを知っているからです。謙虚なリーダーは、他者を信頼することに積極的で、自分への信頼やお世辞を求めません。それは自分自身が何者であるかに確信を持っているからです。

私が出会った多くのリーダーたちは、「わかりません」、「あなたはどう思いますか」、「私の考えをどう思いますか」、「すみません、私が間違っていました」、「私よりもあなたの方が上手にできますね」と言うことに困難を覚えていました。彼らの多くは不安を抱え、自分らしくいることに居心地が悪かったのです。

ジム・コリンズは著書『ビジョナリー・カンパニー2　飛躍の法則』（原題：Good to Great）の中で、高い業績をあげる第5水準のリーダーシップは、「個人の謙虚さと専門家としての意志が逆説的であるが調和して体現している」と語っています。第5水準のリーダーは野心的で革新的ですが、それは組織のためであり、自分自身のためではありません。
謙虚なリーダーは、自らに与えられたリーダーシップを素晴らしい責任と考えています。謙虚なリーダーは、リーダーシップを信頼と管理の立場とみなし、大変誠実な働きぶりで人々から信頼されます。謙虚なリーダーは、「管理する権利」に焦点をあてることをせず、社内政治や、誰が役員の座に収まるかということに夜遅くまで頭を悩ませたりしません。むしろ謙虚なリーダーは、リーダーシップの責任に焦点をあて、同僚たちの必要に適切に対応しているかどうかに心を砕いて夜遅くまで考え続けたりするのです。

謙虚なリーダーは、本物のリーダーです。「万能者」という仮面をつけて社内を歩き回ることはしません。謙虚なリーダーは正直であることに努め、弱さを隠しません。それは、過剰な自意識を持たず、誇大妄想に陥ることもなく、自分は組織にとってかけがえのない人物だなどとは考えていないからです。どれほどかけがえのない人でも、いずれは組織を去り、世を去ります。謙虚なリーダーは、そのことをよく理解しているのです。

謙虚なリーダーは、自分の強みと限界を知り、自分よりも仕事のできる人々が多くいることを知っているので、不安になりません。謙虚なリーダーは、自分の長所と短所を知っていて、自分と同じかそれ以上に仕事をうまくやり遂げる人々がいることも知っています。謙虚なリーダーは、自らが誤りを犯すことを知っています。最大の欠点とは自分には間違いがないと思い込むことだとよくわかっています。

何世紀も前の賢者は、「自分自身を客観的に見ることができれば、私たちは間違いなく謙虚になることができる」と語っています。

塵は塵に、灰は灰に帰ります。ある葬儀で牧師が、「誰も死から逃れられません」と語りました。

謙虚なリーダーは、物事を大局的に捉えることができます。

リーダーシップには敬意が求められる

辞書では、敬意（respect）を「他者を重要な人物として扱うこと」と定義しています。

リーダーの周囲の人々は、リーダーが他者を尊重する能力があることをよく知っています。というのは、重要な人が来るたびにそうするのを見ているからです。しかし、注目されない人々や不平の多い人々への対処についてはどうでしょうか？　彼らも同じように敬意を払われているでしょうか？

一九二〇年代の女性黒人歌手エセル・ウォーターズは次のように語りました。「神は不要な人を造られなかった。ただ問題行動の伴う人を造られた」。

本当にそう思います。どういうことでしょうか？　誰にでも問題行動があります。セミナーではこう話しています。「もし、自分には問題行動がないと思うなら、自己評価リストの真っ先に傲慢を挙げなさい。また、仕事上では全く問題はないと本気で思っているなら、私があなたのチームのメンバーに直接尋ねてみます！」

　リーダーが他者に敬意を払って信頼を得る効果的な方法は、人々に責任を任せるスキルを開発することです。責任を任されることによって人は成長します。適切な権限委譲は他者のスキルと能力に敬意を示す手段となります。責任を持たせることは信頼を示す素晴らしい方法です。もちろん双方向的なやりとりになります。もし他者から尊敬されたいと願うなら、まず自分から先に敬意を払わなければなりません。部下たちに身につけてほしい自由裁量における自主的判断力は、自由裁量をする練習の積み重ねによってのみ習得できます。

　あるセミナーの参加者が、「私の父は、敬意は獲得するものだと教えてくれました。だから、私の敬意を得られた人だけを尊敬します」と語りました。

　私は、「あなたのお父さんは間違ってる」と告げました。

　敬意とは、リーダーが獲得するものではなく――人々から与えられるものなのです。ただ、誰もが敬意を得られるわけではありません。同じ職場で働いているというだけで敬意を得られるわけではありません。実際、もし私が株主なら、リーダーの仕事は人々が勝利し成功するのを助けることだ、と言うでしょう。しかし、リーダーが敬意を表すのは、人々が勝利し成功したときなのでしょうか？　では、いつそうなりますか？

愛の定義を思い出してください。愛は選択であり、他者のために努力する意志です。人々が受けるに値するか否かに関わらず、人々にとっての最大の利益を追求する意志なのです。愛（リーダーシップ）は、エクセル表を作成して人々のプラス面とマイナス面を並列に書き込み、敬意を払うべきかどうかの判断をするようなことはしません。むしろ、リーダーから敬意を示すべきです。リーダーはすべての人を大切に扱い、たとえ誤った行動や不適切な行いをしたときにも敬意を失わないのです。

優れたリーダーは、すべての人は大切な存在であり、組織に貢献していると考えます。もし人々が組織に貢献できなかったら、誰の責任なのでしょうか？　彼らはなぜそこにいるのでしょうか？　もう一度言いますが、すべての人は大切な存在です。唯一の違いは、人によって職責が異なり、マーケットではその職責の対価が異なるということです。

別の言い方をすれば、「同輩中の首席（訳注：上司ではないものの仲間内でのリーダー格）」としてサーバント・リーダーを考えてみてください。サウスウエスト航空のハーブ・ケレハーの言葉です。「母の教えです――立場と役職は絶対的なものではないわ。それらはお飾りで人の実質を表してはいないの。どんな人も、どんな仕事も、他の人、他の仕事と同じだけの価値があるのよ」。

リーダーシップには無私が求められる

辞書では、無私（selflessness）を「他者の必要に応えること」と定義しています。これはリーダーシップの美しい定義です。

セミナーでよく尋ねられます。「自分の必要を後回しにしてもですか？」私の答えは、「あなた自身の必要は後回しですよ、もちろん！」

リーダーを引き受けるとは、その責務を引き受けることです。

他者のために奉仕し尽力すること、他者の最大の利益を求めるために自分の欲求を捨てる意志、それが無私であることの意味です。これこそがリーダーであることの意味です。

他者に仕えることについて異議を唱える人がいました。「仕えるって、いいことですね。でも、あなたは私の上司を知りませんよね！」、「あなたは私の妻（夫）を知らないから……」、「あなたは私の職場の従業員たちを知りませんよね！」

だからこそ言えることがあるのです。私はいつも「あなたは間違った方向に進んでいます。その間違った考えを捨てなければなりません」と答えています。サーバント・リーダーへの道は、他者に変化を求めるのではなく、自分自身が変えられ成長していく旅路なのです。ロシアの文豪トルストイはこう語りました。「すべての人は世界を変えたいと願っているが、自分自身が変わりたいとは思っていない」。

これが真実です！　私たちが変われば世界は変わるのです。実際のところ、私たちは他者を変える力なんて持っていません。アルコホーリクス・アノニマス（訳注：アルコール依存者の自助グループ）は、「あなたを変えられるのはあなた自身です」と教えます。もし私たちがそれぞれの家の周囲のゴミを拾ったら、通りはすぐにきれいになります。

奉仕と犠牲については第3章で詳しく論じたので、これ以上の説明はいらないでしょう。次に移りましょう。

リーダーシップには赦しが求められる

私が使っている辞書では、赦しを「恨みを捨て去ること」と定義しています。赦しはリーダーシップと無関係のように思われるかもしれませんが、大変重要な要素だと確信しています。

なぜでしょうか？

なぜなら、あなたがリーダーになると、あなたが関わる人々が必ず間違いを犯すからです。それも多くの人が。上司、同僚、部下、配偶者、子どもたち、チームメイトは必ず間違いを犯し、失敗し、あなたを失望させます。人々はあなたを傷つけ、時には深く傷つけます。多くの人は、あなたが期待しているような努力もしないし、あなたが願っているような思い入れもありません。ある人は、あなたがどんなに協力しても全く反応しないでしょうし、あなたを利用しようとする人さえいます。

だからこそ他者の弱さを受け入れ、欠点を大目にみる度量を持つことがリーダーシップの特質なのです。人々に傷つけられたり、がっかりさせられたりしても、心の内にいつまでも恨みを抱かず、忘れるスキルをリーダーは身につけるべきです。結局のところ、完璧な人々を導くことなら誰にでもできます。もしそんな人がいればですが。

恨みを捨て去ることとは、無抵抗を貫き、踏みにじられることに耐えることではありません。悪い行動を見逃したり、容認することでもありません。そのような回避行動はリーダーとしての誠実な行いではないのです。

むしろ赦すとは、相手と向き合うことが必要で、彼らの行動がリーダーに与えた影響についてしっかりと話し合い、解決を目指します。その後、心に引っかかっている恨みを捨て去るのです。バディ・ハケットはこれらをうまく説明しています。「あなたが心にわだかまりを持っている間は決して人は寄ってきません」。

この素晴らしい人格の特質は、勇気を持って実践し続けることで身につきます。そして、身につけるのがとても難しいスキルです。なぜなら自尊心と感情を傷つけられるとき、傷つけた人々を赦さないことを正当化する様々な言い訳を自分自身に行うからです。しかしこのスキルを身につけるなら、安心して成熟に向かうことができます。ガンジーはこう語りました。「弱さは決して赦すことをしない。強さあってこそ赦すことができるのだ」。赦しは強さが持つ特質の一つなのです。

自分のキャリアを台無しにしてしまった多くの管理職を知っています。彼らは自分の感情と自尊心が妨げになり、他者を赦して恨みを捨て去ることができなかったのです。

心理学者は、恨みは人格を破壊していくと指摘します。恨みの感情を心の内に持ち、報復の機会をうかがい、他者が自分に何をしてきたかを忘れない人は、自分自身で消耗し、すごく嫌な人間に変わっていくことがあるのです。ロバート・グリーンリーフは作家ヘルマン・ヘッセが書いたものから着想を得ています。ヘッセは、「誰かを憎むのはいつでも、自分自身の中にある相手によく似た部分を嫌うことからくるのだ。人は自分の内側に無いものに心を騒がせたりしない」と語っています。

ある人はこう言うかもしれません。「口でいうのは簡単かもしれない、しかし、もし仮に飲酒運転であなたの子どもが殺されたらどうだ？　変質者に妻を殺されたらどうだ？　もしあなたの営業担当者が愚かなことをして今年最大の取引を台無しにしてしまったらどうなんだ？　本当にすぐに赦せるのか？」

私も自信がありません。しかしそれは、足し算や引き算を習う前に三角関数に取り組むようなものかと思います。殺人犯を赦すことについて心配するよりも、いつも自分の周りにいる人々と共にこの赦すことを練習し、身につけるべきです。

軽い罪を犯した人を赦すことから始めたらどうでしょう？　あなたを見下した同僚を赦すことはできるかもしれません。ある日曜の午後に失礼なことをした隣人を赦すことはできるかもしれません。昨年怒りにまかせてあなたに恥をかかせた上司を赦しましょう。三十年間恨んできた家族を少しは赦してあげましょう。

行動と人を分けて見る

もしあなたが人材育成のセミナーに参加したことがあるなら、驚くような講義を聞いたことがあるかもしれません。それは次のようなものです。「皆さんが従業員に懲戒を加えるときには、当人とその行動を分けて考えるべきです」。

通常、参加者の中の誰かが質問をします。「従業員と行動を分けて考えるだって？　そんなばかな！　そんなことをするやつは間抜けだ、解雇だ！」

講師が言いたかったのは、私たちも悪いことをしますが、だからといって必ずしも悪い人間ではないということです。だから、従業員に「ばか者！」と言うべきではありません。そもそも従業員はどのように問題を解決すれば良いのでしょうか？　救急箱の中に賢くなれる特効薬があれば良いのですが。

むしろこう話すべきです。「君の報告書は基準を満たしていません」。そう、それなら従業員は具体的に取り組むことができます。

「おまえは怠け者だ！」と言わず、むしろ「あなたは今月、四回も遅刻していますね」と話すのが良いのです。それなら従業員は具体的に取り組むことができます。

神学者はこれを「罪と罪人を分けて考えるべきだ」と教えます。かつての私は、それをばかげた区別だと考えていました。

日常的に罪を犯している人間が地球上に一人いると気づくまでは。

最も自分勝手な人

誰も想像すらできないような大失敗をした一人の男を知っています。私を個人的に傷つけ、私のビジネスと、また家族にさえ悪影響を与えたこの男の愚かな行為を、皆さんは信じられないかもしれません。しかし、私はいつでも彼のした愚かな行動を忘れることができます。その愚かな行いと彼自身は別だからです。つまり、彼は本当はいいヤツなんです。

この愚かな男は一体誰だと思いますか？

そう、この私です。

私たちは自分の愚かな行いをいかにあっさり大目に見てしまうか、それをよく考えてみてください。私たちはいとも簡単に自分の行動と自分自身を分けて考えるのです。では、自分自身を赦すのと同じように他者をすすんで赦していますか？

赦しは愛の特質であり、自分を愛するように他者をすすんで愛するかが問われます。覚えておいてほしいのは、愛という動詞（行い）について話しているのであって、自分がどう感じるかについて話しているのではありません。自分の会社を好きになれないときもありますが、それでも最高益を上げることを目指します。愛は他者のことを考え、彼らの最高の利益を求める、それは私たちが自分に対してすることと同じです。

赦しという人格（スキル）を高めることで他にも得られるものがあります。私がこれを書いている今日、「ＵＳＡトゥデイ」の第一面の見出しは「何が人を幸せにするのか」です。その記事は最近発表された、人々を幸せにするものについての研究を解説しています。ミシガン大学の心理学者クリストファー・ピーターソンは、赦しは幸福に直結する特質だとして、「赦しはすべての美徳の中の女王であり、手に入れるのが最も困難な特質である」と述べています。

リーダーシップには正直さが求められる

私が使っている辞書では、正直さ（honesty）を「欺かないこと」と定義しています。正直さと誠実さはリーダーが身につけるべき基本的な特質であることに反対する人はいないでしょう。何十年にもわたる調査によると、これら二つは人々がリーダーに期待する特質であることに変わりはありません。

もし、二つの特質がリーダーシップの基本的な要素であることが信じられないなら、次のように自らに問いかけてみてください。信頼できない人々と良い人間関係を築けますか？　彼らから良い刺激を受けることはできますか？

信頼は人間関係を維持していく接着剤です。もし妻と私がお互いに基本的な信頼関係を持っていなかったら結婚生活を継続するのは不可能です。信頼のない組織は砂上の楼閣です。わずかな揺れで壊れます。では、どうやって信頼関係を築くのでしょうか？　もちろん信頼することとです。正直な態度と誠実さが信頼を築くのです。

経営幹部が信頼について話すのを繰り返し聞いてきましたが、実際の当人の行動は人々の信頼を裏切るものでした。経営幹部たちが本当に信じているのは、タイムカード、秘密の会議、膨大な就業規則、特別な人だけが使える特別なドアの鍵、非公開の財務情報（給与情報を含めて）などです。

彼らは企業があたかも「ファミリー」であるかのように語りますが、実際は解雇や一時解雇を平気で行います。その「特定の場面」を隠すために解雇を午後の遅い時間に実施します。解雇などが実施された後の数日間は、気まずい沈黙が職場に訪れます。人々は「大切な資産」である仲間がいなくなり、沈黙します。機能不全の家族では、家族の誰かが夕食の席からある日突然消えても、「パパはジョニーが出ていくのを知ってたの？　二人は話し合ったの？」と尋ねるだけです。

正直さと、偽りから自由であることは、自分の行動に対する説明責任（accountability）を果たすかどうかにかかっています。もしリーダーが説明責任を果たさないなら、正直さによってリードすることはできません。なぜなら説明責任とは、人々が最高の自己になるのを助けるだけでなく、リーダーとしての義務でもあるからです。そして、人々に責任を負わせないことは、すべてがうまくいっているかのような錯覚、あるいはすべてがうまくいっていないかのような錯覚を引き起こし、それが自他を偽る行動になるのです。次の章で説明責任について議論しますが、それはリーダーシップにとって基本的な重要事項です。

正直さのもう一つの側面は、組織ではあまり語られないことですが、ゴシップ、裏切り、排他的な仲間づくりに関わらないことです。これらの行動がアメリカのいたるところで横行しているのを知っています。まるで仕事上の立場を得ると、他人を好き勝手に裏切り、人格を攻撃できる免許を得たかのように振る舞います。果たしてこれは誠実な行動なのでしょうか？

悪い意志を持った二人以上の人が結託すると、破滅的なグループになります。彼らは問題をグループ内で対処するよりも、グループの外で噂話のネタにするのが好きな人たちです。この行動はチームにとって非常に破壊的であり不誠実です。

私は人々に次のように話しています。もしこのような不誠実な行動に関わっているなら、まるでダイエット中にダブルチーズバーガーを食べ、トリプルチョコモルツを飲むようなものですと。彼らは自分自身の人格を傷つけ、周囲の人もそれを見ているのです。

コミュニケーションと信頼

信頼を築くには努力が必要です。

共感的傾聴は、信頼関係を築く効果的な方法の一つです。このスキルについては第5章で詳しく述べます。信頼を築いたり、また傷つけたりするのは、言葉によるコミュニケーションをいかに図るかによります。通常、コミュニケーションには四つの型があります。攻撃型（aggressive）、受身型（passive）、受身的攻撃型（passive-aggressive）、自他双方を尊重する自己主張型（assertive）の四つです。

攻撃型の人は普段は公平で率直ですが、いつのまにか人権を侵害することが多いのです。彼らが残した痕跡によってこれらの人たちを見分けることができます。受身型の人は、この世界のためにぼろ雑巾のようになって仕え、自分を利用する人にもなすがままとなります。これら二つの型はどちらも信頼を傷つけるのですが、その理由は、敬意と尊厳を抜きにして信頼関係を築くことなど不可能だからです。これらの二つの型は、相手に敬意を払うコミュニケーションが取れません。

私が企業で経験した最も多いコミュニケーションの型は、受身的攻撃型です。屈折したコミュニケーションは、あてこすり、沈黙、心理戦、政治ゲーム、隠れた思惑、信頼を傷つける様々な手段によって行われます。受身的攻撃型のコミュニケーションは間接的であっても、自分の本音を強く主張します。人を操る間接的な方法は、人間関係の確立と強化にとって極めて破壊的です。

優れたリーダーを支える適切なコミュニケーションスキルは、自他双方を尊重する自己主張型です。自他双方を尊重する自己主張は、率直かつ正直、また直接的で攻撃的な行動のように見えますが、気づかれず人権を侵害するようなことはありません。自他双方を尊重した自己主張ができる人は良いニュース悪いニュースに関わらず、真実を喜んで伝えます。つまり、行動は常に公平で率直、かつ敬意を表したものとなります。

業務成績、生産縮小、一時解雇など組織の問題について従業員に伝えるのを避ける多くのリーダーがいます。なぜですか？　あなたの従業員はそれを知っても大丈夫です！　彼らは日常生活の中でもっと厳しい問題に対処してきているのです。

悪いニュースを素直に明確に、そして正直なやり方で伝えることは、信頼を得るまたとない機会です。この直接的なやり方は、あなたが信頼できる人であることを示しています。というのは、あなたがどんなことであっても公正に振る舞い、真実から逃げないからです。これは誠実さに関わることです。

誠実さ（integrity）は数学の整数（integer）と同じ語源からきており、整数はすべての数を意味しています。誠実さとは、思考、言葉、行動のすべてにおいて正確さを保っていることだと考えてください。誠実さとは公私どちらの生活においても首尾一貫して、期待されるとおりの正しい価値観から行動することです。ガンジーは「人はある分野において悪いことをして、他の分野において正しいことをすることはできない。人には不可分の全体性がある」と語っています。

リーダーシップにはコミットメントが求められる

私が使っている辞書には、コミットメントを「あなたの選択を貫き通すこと」とあります。

コミットメントというものは、おそらくリーダーが持たなければならない最も重要な人格の特質だと信じます。この章において述べる、品格を伴う一貫した振る舞いとは、強い意志と確たるコミットメントによって達成されるからです。

最高のサーバント・リーダーは、自分が選択したことを最後までやり遂げる人です。サーバント・リーダーシップには、個人と組織の継続的発展のための努力と情熱が求められます。サーバント・リーダーシップには、やると言ったことは必ずやる、決心したことは必ず守る、一旦取りかかったことは最後までやり遂げる、その情熱が求められます。サーバント・リーダーシップには、正しいことをし、あなたがなりうる最高の自己になるための情熱が求められます。サーバント・リーダーシップには、人々がなりうる最高の自己になるための旅路を助ける情熱が求められます。実際、リーダーは自分自身が最高の自己になることを決心しないなら、他者に最高の自己になることを求めるべきではありません。

コミットメントとは、人々が失敗したときやリーダーの助けを必要としたときにチームの人々に仕え、その人たちと共にいることです。コミットメントとは何も考えずに従うことではなく、正しい行いは常に忠誠心よりも優先されるべきなのです。

かつて、ある経営幹部が語ってくれました。「人が私たちに良いことをするよう求めるときには高潔さを求め、悪いことをさせたいときは忠誠心を求めるのです」。

なんと悲しいことでしょう。

コミットメントには、友情や派閥に囚われずに正しいことを実行する道徳的な勇気があります。道徳的な勇気とは内なる強さであり、良心の内なる声を聴く意志であり、たとえそれが大勢から不評だろうと、個人的リスクを伴おうと、正しいことを行おうとする意志です。道徳的な勇気とは、正しいことを何よりも優先する強い意志なのです。

マーティン・ルーサー・キングは、道徳的な勇気について次のように語りました。「その人の本当の値打ちは、居心地の良い場所にいるときではなく、挑戦を受け、論争の中にいるときにこそわかる」。

愛せるまで愛しているふりをする

かつて私にこう言った管理職がいました——好きになることすらできない部下たちを愛そうと努めるなんて、一体どうやって？

私の返答は、「愛しているふりから始めましょう」です。自分の感情は気にしなくてよいのです。愛（リーダーシップ）のある行動を始めてみてください。

C・S・ルイスは、こう述べています。「隣人を愛しているかどうかで思い悩んで時間を浪費してはいけない。愛しているように行動すればよいのだ。そうすれば、すぐに大きな秘訣を見いだすことになる。誰かを愛しているように振る舞えば、やがてその人を愛せるようになる」。

以前、機能不全に陥っている企業で八十人の管理職と一緒に仕事をしていました。そして、愛することについて議論をしている最中に若い女性が手を挙げました。彼女を指名したところ、「なるほど。私たちに、ここでそれを実行するようにということですね。私たち全員がお互いのことをもっと好きになるように努めてほしいと、そういうことですね？」

「いや、そうではありません！」すぐに返答し、「あなたがたが互いに好意を持つように勧めているのではありません、互いに愛するようにと勧めているのです。あなたがたが互いにどんな感情を持っているかについては関心がありません。しかし、互いに対してどう振る舞うかに関心があります。今のところ感情は忘れて、相手に対してどのように振る舞うかに焦点をあててください。そうすれば、感情は後からついてきます」。

第5章　リーダーによる称賛と叱責

君を敬愛している。私はあなたの大ファンだ。

ジャック・ウェルチからジェフリー・イメルトへ

わが社で最悪の一年になった。現状が改善されなければ、あなたに辞めていただくことになる。

ジャック・ウェルチからジェフリー・イメルトへ

ピーター・ドラッカーは、職場における対人スキルとは何かと尋ねられたことがあります。彼は簡潔に答えました。「マナーの良さだよ」。

本章においては、第４章で扱った二つのスキル、優しさと正直さの習得、すなわちビジネス用語でいうところの対人スキルと責任を負わせること（accountability）について述べます。経験から言うと、この二つのスキルはリーダーが最もバランスを失いやすい部分なのです。

困惑し、切羽詰まった様子の人事担当者から電話を受けることがあります。「ハンターさん、早く来てください！　わが社の管理職と監督職の対人スキルは全くひどい状態です。彼らに対人スキルを教えてください！」

そんな時、私は愛情をこめて彼らに言います。「御社の管理職の方々は優れた対人スキルを持っておられますよ。心配いりません」。

しばらくの沈黙のあと、彼らはこう答えます。「どうしてそう思うのですか？　何もご存じないでしょう。現場にいないでしょう？」

「おっしゃるとおりです。でも仮に〝悪い対人スキル〟を持った管理職をビジネス上の重要人物が集まる場所に連れて行くとしますね。たとえば経営幹部が集うカクテル・パーティーや研修会などです。すると彼らがどんなふうに振る舞うか、あなたの給料を賭けますか？　管理職たちは経営幹部に敬意を表し、終日おべっかを使うと思います。管理職たちは自分の振る舞い方をわきまえています。たしかに彼らが重要だと思っていない仲間たちへの敬意を欠いた習慣は良くないことです。組織がその悪い習慣を見過ごしてきたのです。だから今、まさに改善する時なのです」。

雇用の時の面接をすべて録画して、仕事に就いて一、二年後に本人にその録画を見せるのはどうでしょう？「録画に写っているのはあなたですね。なんて素直なんだ！　この日のあなたの素晴らしい対人スキルを見てください。笑っているのがわかります。対人スキルを身につけていることがよくわかります。一体その後どうしたのですか？」

高圧的で部下に理不尽な要求をする管理職には、このように話します。「しばらく優しいふりをしてみてください。どうすれば良いかはわかっていますね。あなたの配偶者や大切な人たちに、彼らを感動させようとしていたころのあなたがどんな人だったか聞いてみたいものです。あのころのあなたは優しくて、愛情深くて、礼儀正しく、聞き分けがよくて、良い聴き手で、思いやりがあって……といろいろ教えていただけるでしょうね。あなたには、そのようなリーダーになってほしいのです」。

ジョージ・ワシントン・カーバーは、周囲の人には優しくすべきだと語りました。「人生であなたがどこまで成功するかは、若い人には優しくし、年配の人には思いやりを示し、苦しむ人には共感し、弱い人にも強い人にも寛大さをどれだけ示すかにかかっています。なぜなら、あなたの人生の中でそれらすべてを経験するからです」。

傾聴

第4章における優しさの定義は、他者に関心を払うことを含んでいます。日々、他者に関心を寄せる最高の機会は耳を傾けることです。

あなたは良い聴き手ですか？　私たちの多くは自分を良い聴き手だと思い込んでいますが、本当は貧しい聴き手なのです。大部分の人は、耳を傾けているように見えても、相手の言葉を選んで聞いているか、考えごとをしています。「ボブはいつになったら話すのを止めるのか？　私が正解を教えてあげるのに」とか「息子はいつ話を止めるのか？　私の経験を話してやろう」とか「どうすれば私の思う方向にこの会話を持っていけるだろうか？」などです。

ウィル・ロジャースは、かつてこう語りました。「次に話すのが自分の番だとわかっていなかったら誰も相手の話を聞きはしない」。その意見が正しいかどうかは別にして、私は神が理由なしに二つの耳と一つの口を与えたのではないと信じています。

共感的傾聴は、「他者の視点で物事を見て、他者が感じているように自分が感じる」ことができるスキルです。共感して聴くためには、すべての雑音と心の中のつぶやきを締め出し、今この場で話されていることに向き合わなければなりません。大きな努力が必要とされます。

聴くとは、人に向き合う心の姿勢です。人の話を注意深く聴き、相手をよりよく理解し、新しく学ぼうとする意欲と願望を育むことです。誰かが話している間、何かを学んだことがあるでしょうか？　共感的傾聴は、他者からの信頼を得る最も良い方法なのです。

ロバート・グリーンリーフはこう語っています。「サーバントになりたいと願いながらもいまだサーバントでない人は、傾聴を学ぶという長い困難な訓練を経て、自然にサーバントになれるかもしれません。相手の語る言葉を傾聴することの重要性を理解した人々の中に大きな変化が見られるようになります。なぜなら真の傾聴は相手に自信を持たせるからです」。

リーダーシップを学ぶ仲間の間では、リーダーのすべての行動がメッセージになっている、とよく言われます。傾聴によって、相手のことを大切に思っているというメッセージを送る機会が日々いかに多くあることか、それらを賢く用いるようにしなければなりません。私たちが聴いていないときも、それを見ている相手に対して一つのメッセージを送っています。そしてそれらのメッセージは、私たちを不利にするものばかりなのです。

しかし喜ばしいことに、傾聴のスキルは先天的なものではありません。もし信じられないなら、このように自問自答してみてください。「良き傾聴者である二歳児を知っているだろうか？」

人は、自分の話をしっかりと聴いてもらえたと感じたとき、相手との関係をより一層深めることができます。それは大きな力です。偏見を持たずに聴くことです。誰かが話すのを黙って聴くというのは、必ずしも同意したことにはなりません。なぜそのような考えを持つに至ったのかを理解し、新しい目標へと一緒に向かうのです。ジョイス・ブラザース博士はこう語りました。「真似をするのではなく、傾聴こそが、相手への誠実な敬意や賞賛になる」。

経営幹部に共感的傾聴の研修をするとき、彼らに従業員のグループに入ってもらうことがあります。そのグループには知らせていない経営幹部の課題は、従業員が話すのをひたすら聴くことです。必要なときに意味を確認する以外は、決して自分や組織の側に立って弁解をしたり、いかなる発言もしないことになっています。従業員からの質問への回答は、改めて別の会合でなされます。

多くの場合、この傾聴の研修の効果は絶大です。従業員たちは次のようなコメントを残します。「胸のつかえがおりました」、「これまでで最も生産的な経営幹部との会合でした」などです。ここで経営幹部たちは、何の問題も解決していないのです！　以前よりもたくさんのことを学習して、彼らも従業員たちも気分良く帰っていきます。

傾聴のスキルは健全な人間関係において大変重要です。カール・メニンガー博士は傾聴についてこう述べています。「傾聴にはまるで磁石のような不思議な力がある。創造的な力もある。自分の話に耳を傾けてくれる友に親しみを覚え、その友の側にいたいと思うのだ」。

私は以前、社会貢献についての会合が苦手で、カクテル・パーティーのような集まりも退屈だったのですが、ある方から不思議な助言をいただいたことで考えが一変しました。それ以後、私が耳を傾け始めると、いつも周りに人が集まってきます。傾聴することでプレッシャーが取り除かれたのです。

あなたも、この深い知恵を持ちたいと願いますか？

関心を持つ段階から一歩進み、実際に取り組んでみてください。

きっと毎回、不思議なほどうまくいきますよ。

責任を負わせる

セミナーで管理職たちに尋ねます。「もしあなたが組織の中に設けられている基準について従業員に責任を負わせないとしたら、あなたは誠実であると言えるでしょうか？」

大勢の人々から「ノー」という答えが返ってきます。

実際のところ、職場において人々に責任を負わせないなら、人々は泥棒と嘘つきになる危険性があるのです！　少し厳しく聞こえますか？　私たちが従業員に対して責任を負わせないなら、私たち管理職は給与泥棒ということになります。そればかりでなく、すべてうまくいっている、またはすべてうまくいっていないかのようなふりをすることは、周囲の人を欺いていることにもなります。誠実であるとは、ごまかしから無縁な生き方であることを覚えておいてください。

管理職が従業員に責任を負わせないとき、誰が利益を得るのでしょうか？　従業員でないことは確かです。従業員にとっては、入社した時に比べて全く成長せずに辞めることになるからです。実際、彼らは私たちと同じように、良くなるか悪くなるかのどちらかに向かっています。恐らく、より悪い状態になるでしょう。競争相手にはメリットがあるかもしれませんが、組織にメリットはありません。管理職だけにメリットがあります。なぜなら管理職は問題を扱わなくてよいし、頑張らなくてもよいからです。

それがどれほど利己的で不誠実なのかを考えてみてください。誠実なリーダーも、この利己的な管理職から影響を受けるかもしれません。従業員も真実を軽視するようになるかもしれません。「この十年間、管理職たちはずっと私のことをとても優秀だと言ってくれました。今になってあなたがそうではないと言うのはなぜですか？　むしろ管理職であるあなたに問題があるんじゃないですか！」

従業員に対して正しいことを行わず、彼らの言動に責任を負わせなかったことへの言い訳を考えてみてください。「ビルは辞めるかもしれない、最近人を雇うのが難しくなってきている」、「スーはいい人だ、いくつかのことでは役に立つ」、「ピートは威圧的な奴だ」、「ジーナは私が意見するといつも言い訳をする」と挙げればきりがありません。

大人と同様に子どもも、物事の境界線と期待が何であるかを知らなければならないし、正しい行動と態度についての責任を自覚しなければなりません。私は自分の課題に直面しなければならないし、妻は私が直面すべき事柄をたくさん用意してくれています！　それは妻が私を愛し、私がなりうる最高の自己になることを望んでいるからです。リーダーが人々のニーズに応えないなら、自分のことだけを考えていて、人々の最も必要としているものの一つを奪っていることになるのです。

人々に責任を負わせず、ベストを尽くすように働きかけないなら、自分は誰かのために役に立っているなどと考えてはいけません。

子育てのことを例にとってみましょう。子どもの凡庸さを受け入れることは、子どもたちに利益をもたらしているでしょうか？　最小限の努力しかしない子どもでよいのでしょうか。ヴィンス・ロンバルディが言ったことを思い出してください。「私の愛は厳しいものです！」設けられた基準と実際の仕事ぶりとの差に向き合うわずらわしさを避けているなら、リーダーとして人々をどれだけ大切に思っているかなど、決して口にすべきではありません。

誰かが基準を満たさなかったり、規律を破ったり、無責任に振る舞ったりするなら、侮辱されたと管理職は感じるべきです。なぜでしょうか？　規律を破った従業員はあなたが何もしないと見越しているからです。なんと無礼なメッセージでしょう。従業員が組織内の規則に則って行動しないとき、彼らはあなたが不誠実な振る舞い、すなわち見逃してくれることを期待しているのです。

退役将軍で国務長官のコリン・パウエルはこう語っています。「難しい選択を先延ばしにしたり、誰も怒らせないように努めたり、貢献の如何に関わらずすべての人を〝うまく〟平等に扱うことで、皮肉にもあなたが怒らせてしまうのは組織の中で最も創造的で生産的な人々だけなのだ」。

人々を訓練するのは、彼らを大切に思うからであり、彼らが最高の自己になるためであり、それがリーダーとしての責任だからです。そのことがリーダーとしての立場を引き受けた約束事であることを忘れてはなりません。化粧品会社ブリスティックス社長のリチャード・グリーンはきっぱりと、「仕事ができない人を解雇しないのは不道徳である」と語っています。

核心をついています。業績を上げない人たちに対処しないなら、どれだけ危ういことになるか考えてほしいのです。卓越性への努力不足と正しい行動の欠如が周囲の人々に発信している悪いメッセージについて考えてみてください。さらに、配偶者、息子、娘、消費者、取引業者など多くの人々が自分たちの未来のためにあなたの組織を頼りにしているのです。あなたが貧弱な仕事ぶりを許すならその組織がどれほど危ういかを考えてみてください。

間違わないようにしましょう！　ビジネスにおける成功の方程式は単純です。利益とは売り上げから費用を差し引いた金額です。利益がなければ組織は生き残れません。市場には戦いがあり、勝者と敗者がいます。組織が失敗すると従業員は仕事を失い、生活は破綻します。

多くの人が危険にさらされるのです。

訓練とは教えること

何年にもわたって多くの組織がサーバント・リーダーシップを導入するのを助けてきま

した。第8章で十分に論じますが、導入のプロセスでリーダーへのフィードバックを通じて現状と目標のギャップを認識させます。

リーダーシップ・スキルに見出される最大のギャップは、問題と状況に対して立ち向かわず、人々に責任を負わせないことです。それは二番目以降のギャップとは比べ物になりません。

管理職が訓練や人と向き合うことに抱く不安や恐れの多くは、訓練とはどうあるべきかについての誤ったパラダイムからきていると確信するようになりました。

訓練（discipline）は「弟子とする（disciple）」と同じ語源からきています。「弟子とする」とは教育し、鍛錬することを意味し、それは訓練についての正しい理解です。訓練は、罰したり辱めることではありません。訓練とは、基準と実際のギャップを見極めて、それを解消する計画を立てることです。訓練とは、人々を正しい軌道に乗せ、最高の自己になる機会と見なされるべきです。リーダーが自分の感情を制御できれば、訓練が感情的になったり不安定なものになったりすることはありません。

よく知られているミシガンの聖職者マーク・ブーアは「愛のない訓練は容易に虐待となり、訓練のない愛は真の愛ではない」と語っています。

称賛と叱責

最も優れたサーバント・リーダーは妥協しない強さと人々への誠実な愛情を兼ね備えています。卓越性を求める大胆な要求をしますが、同じぐらいに愛と情熱も示します。つまり、優れたリーダーは、称賛すべきときは「称賛」し、叱責すべきときには「叱責」するスキルを身につけているのです。

ほとんどの管理職はどちらかの点で大きな失敗をします。彼らは人間関係をうまく築けないパワハラ気味の現場監督だったり、グループ内の人々が仲良く、仲たがいしないように和を取り持つことがリーダーシップのスキルだと考えている弱虫だったりします。

ゼネラル・エレクトリック社（ＧＥ）の元ＣＥＯ、ジャック・ウェルチは近年ひどい報道に晒されていますが、ＧＥでの驚くべき功績について疑問に思う人はいないでしょう。彼の業績の一つは数千億ドルの総資産を形成したことです。投資家ウォーレン・バフェットはウェルチを実業界のタイガー・ウッズと呼んでいます。ウェルチは褒めることと叱ることに長けており、それは今やＧＥの伝説になっています。

引退の前に後継者の選出にどれだけ苦悩したかを振り返りながら、「これらの三人全員を敬愛していた」と語っています。ウェルチが語ったことを疑う余地はありません。こうした話は普通の会社の経営会議では耳にすることはありません。数年前、最終候補者の一人、ジェフリー・イメルトはGEプラスチック・アメリカの責任者でしたが、同社の成績は低迷していました。翌年の初め、ウェルチはイメルトを呼んで、「ジェフ、私はあなたの大ファンだ。しかし会社の業績は最悪の年になった。君を敬愛している。君は必ず改善できると信じている。しかし、もし改善できなければ、君を解任しなければならない」。期待に応えて、今のGEのCEOであるジェフリー・イメルトはそれを見事にやってのけたのです。

両方を持つことができる

一九七〇年代から一九八〇年代初頭において、自動車メーカーのビッグスリーは売れない車を生産し続け、デトロイトでは「品質、品質、品質！」と呪文のように唱えられていました。

品質管理グループの管理職たちは不満をぶちまけていました。「品質と量と一体どっちが望みなんだ！」

答えですか？

「当然、両方が必要ですよ！」

当時から二十五年以上が経過しましたが、再び管理職たちが叫んでいます。「一体どうしてほしいのだ？　お人好しのサーバント・リーダーになることか、仕事ができるリーダーか？」

もちろん、答えは同じです。

サーバント・リーダーになることと仕事をやり遂げることは必ず両立します。チームワークを維持するのと同時に仕事をやり遂げる、この二つが目標なのです。目標を達成するためには熟練したスキルが必要であり、多くの組織はそのスキルを持つ従業員には高給を支払います。

あなたは両方のスキルを持つことができます。優れたリーダーは必要に応じて人々を称賛し、また叱責することができるのです。

リーダーシップと愛（まとめ）

人々はリーダーを信じており、リーダーの言葉は信頼に値すると考えています。これを「リーダーシップの最初の法則」と呼ぶこともあります。「メッセンジャーを信じないなら、そのメッセージも信じられない」のです。ドラッカーはこのように述べています。「優れたリーダーの最後の必要条件は信頼を得ることだ。信頼がないリーダーに従う人はいない。リーダーの唯一の定義は、従う人がいることだ」。

今日の組織においては、魅力的なミッション・ステートメント（経営方針）の策定に多くの時間、労力、予算を使っています。ミッション・ステートメントは重要ですが、人々がリーダーを信頼しなければ無意味なものになります。

このことを忘れてはいけません。ある組織が新たなリーダーを雇用するとき、そのリーダーが持っているミッション・ステートメントも一緒に受け入れることになるのです。リーダーシップとは選択することです。リーダーシップとは「正しいこと」を毎日、毎時間選択し続けます——それを習慣化するまで。

行うべき正しいこととは、忍耐強く、優しく、謙虚であり、敬意を持ち、自己中心でなく、赦し、正直で、献身的であることです。いつの時代でも世界中のどこにいようとも、これに異を唱える人はいません。これら八つの原則は自明のものであり、愛とともにリーダーシップや人格の特質なのです。

優れたリーダーは次のことを知っています。確固たる人格はリーダーシップに必須であり、正しいことを選択する習慣が定着するまで、毎日何度も勤勉に繰り返さなければなりません。優れたリーダーは、日々の選択によって自分が少しずつ変えられていくことを理解しています。中国の格言に、「もし進む方向を変えなければ、向かっている場所に到着する」とあります。今、あなたはどこに向かっていますか？

「完成した」と言える人はいません、完成に向かって進んでいるだけです。私たちは何者かになっていきます。農業従事者はよく理解しています。「農作物は葉が緑色だと成長しているが、黄色くなると腐っていく」。そのどちらかです。果実を一つ選んでみれば、同じ状態に留まっているものがないことは自明です。

Ｃ・Ｓ・ルイスがこの点をうまく指摘して語っています。「あなたが選択するたびにあなたの中心部分、選択する部分は以前とは少しずつ変化している。人生を全体としてとらえ無数の選択をしながら生涯をつうじてこの中心部分をゆっくりと天国のような生き物に、あるいは地獄のような生き物に変えている。私たちはそれぞれの瞬間に、どちらかの状態に進んでいるのだ」。

リーダーシップは選択から始まりますが、あなたがリーダーになると「決心」したときが最初の選択となります。ここでもう一つの選択をする必要があります。導く人々を愛するか、愛さないか、です。もし答えが「はい」であれば人々に仕えて犠牲を払う覚悟をしなければなりません。人は他者のために犠牲を払うことなしに、決心するだけで愛することなどできないからです。他者のために犠牲を払うときに権威が生じ、権威を持ったとき、リーダーと呼ばれる権利を持つようになります。

最高のリーダーは最高のサーバントであり、ニーズでいっぱいの傷ついたこの世界の中で、ニーズに向き合うことに自らを献げている人です。

世の中には多くの優れたサーバント・リーダーがいます。しかし、サーバント・リーダーを組織の上層部だけに探さないでください。サーバント・リーダーは飛行中の機内でコーヒーの給仕をしているかもしれません。病人用トイレの掃除をしているかもしれません。厨房で料理を作っているかもしれません。放課後の子どもたちに野球を教えているかもしれません。

どうすればサーバント・リーダーになれるのか?

第3章、第4章で語ったスキルがビジネス界では「ソフトスキル」と呼ばれることが皮肉に聞こえます。リーダーシップ・スキルの習得に比べて経営管理スキルの習得は簡単で、骨の折れるようなものではありません。

四十年のあいだ傾聴スキルの低かった人を共感的傾聴者にするよりも、貸借対照表を読めるようにするほうがずっと楽です。二十年間、何もしてこなかった管理職に、人々に責任を負わせるように仕向けることよりも、資産管理の原則を教えるほうがずっと簡単です。指揮統制型の独裁者として行動して二十五年になる管理職にシックスシグマ品質管理法を教えることと、彼に忍耐と謙虚さを発揮するように求めることと、どちらが難しいと思いますか？

これらはソフトスキルでしょうか？ いいえ、これはとてもハードなことなのです。

良きリーダーシップとはどのようなものなのか？ それは非常に基準の高いものであるということを第１章から第５章までで明らかにしてきました。良きリーダーシップの原則とは自明のことであり時代を超えたものであるので、これまでの説明に同意してくださるものと確信しています。

しかし、知識として同意するだけでは十分ではありません。この本の初めのところで述べたとおり、知識として知っているだけで実際に適用されなければ全く価値がありません。優れたサーバント・リーダーになるために求められる努力は膨大なものです。しかし、その努力は可能であり、今日何千もの人々によって効果的に実行されています。

優れたサーバント・リーダーへの必要な手順について残りの紙幅を使います。

繰り返しますが、喜ばしいことに私たちは、サーバント・リーダーを育成するためのスキルを持っているのです。

ただ唯一の課題は、あなたに準備ができているかどうかです。

第6章　リーダーシップと人間性

二つのものが常に新しく、いや増す称賛と畏敬の念で心を満たす……我が上なる星空と、我が内なる道徳律である。

インマヌエル・カント

人はどのように変わり、人格を形成していくのか、優れたサーバント・リーダーになるための必要なステップについて述べる前に、まず人間の本質を理解し、変革と成長の旅路において直面するいくつかの障害を理解しておくことが大切だと考えます。後で述べますが、この変革に対する気づきと洞察は大変重要です。

長年にわたってアメリカ、オーストラリア、メキシコ、スコットランド、カナダおよびシンガポールの各地でサーバント・リーダーシップの原則について講演してきました。この間、愛とリーダーシップの八つの原則に反対する人はいませんでした。繰り返し語ってきましたが、サーバント・リーダーシップの原則は自明のものです。ですから八つの原則は人々の共感を得ており、普遍的な真理であると確信しています。人間性と八つの原則の普遍性をさらに理解するために、価値観、道徳、倫理の相対性と、原則の不変性（法則）を区別しなければなりません。

つまり、次のようなことです。

価値観、道徳、倫理

大まかに定義するなら、物事の価値観とは、高く評価され、称賛され、尊重され、重要視されるものです。組織が重要とみなす理念と行動つまり価値観は、他の組織と大きく異なる可能性があります。ＫＫＫ、赤十字社、ヘルズ・エンジェルス、ローマ・カトリック教会を考えてみてください。組織にせよ個人にせよ、みな価値体系を持ち、ときにそれが非常に悪いものであっても、それらの価値観が個人の振る舞いを誘導し形成しているのです。

同じことが正義と悪の基準に関わる道徳や道徳観についても言えます。道徳は正しい理想と正しい行動の基準を守ることに関わり、宗教的または文化的信念と実践によって形成されます。

世界は多様であり何が良いことで何が悪いことなのかを定義する非常に異なった道徳と価値観をそれぞれの文化が持っています。それらの道徳と価値観はカースト制度から一夫多妻制まで、通りをわがもの顔で歩き回る聖なる牛から許嫁制度まで、コンゴの裸族からイスラム諸国のブルカの風習まで、実に多岐にわたっています。ある社会における道徳的な振る舞いが別の社会においては非道徳的だとみなされることは明らかなのです。

道徳観が文化の中で何度も変化することは、アメリカの過去百五十年の歴史が証明しています。奴隷制からアメリカ合衆国憲法修正十三条による奴隷制度の廃止および禁止へ、男性のみの選挙権から同修正十九条による女性の参政権へ、禁酒法から同修正二十一条による飲酒の自由へ、法的な人種差別から一九六四年の公民権法へとアメリカは進歩してきました。

倫理とは許容された行動基準にしたがって行動することであり、道徳、価値観、義務を適用するためのシステムになっていきます。

話をもとに戻しましょう。これまで愛とリーダーシップの八つの原則に反対する聴衆はいませんでした。セミナーにおいて「正直であることには賛成できない」とか、「敬意と親切は不要だ」とか、「部下に責任を持たせることは組織にとって好ましくない」と誰かが手を挙げて異を唱えている場面を想像してみてください。ありえないですよね？

このように、価値観、道徳および倫理は、文化や時代で大きく異なります。しかし、愛とリーダーシップの八つの原則は自明なのです。では、なぜ自明なのでしょうか？

原則

辞書には、原則とは「包括的で基本的な法則」と書かれています。文化間また時代の移り変わりの中で大きく変化する価値観、道徳および倫理と違い、原則は変わることがありません。

物理的世界に適用される原則を「自然法則」と呼びます。たとえば物理学の法則、数学の法則、化学の法則のように。

同様に、人間の有効性や人間の適切な行動を規定する自然法則に該当するものに「人間性の法則」があります。もちろん人間には自然法則、たとえば重力に従わないという自由はありませんが、人間性に従わない自由はあります。

しかし人間性の法則（原則）から逸脱すると、針路からそれて暗礁に乗り上げることになります。映画『十戒』（原題：The Ten Commandments）の監督セシル・B・デミルは、十戒の中に含まれている原則を発見し、「われわれが法則を破るのは不可能だ。法則に反する自分自身を破壊するだけだ」と語りました。

この主張には十分な裏づけがあります。

ここで議論してきた原則に反する人々の社会を想像してください。短気、無礼、傲慢、自己中心、不遜、不寛容、不誠実、無軌道に価値を置く社会を想像してみてください。そんな社会で暮らしたい人がいるでしょうか？

聖書、アリストテレスの「倫理学」、コーラン、孔子の論語、または世界宗教のどれかを学んでみれば、誠実、敬意、自制、正直、勇気、コミットメントおよび自己犠牲といった基本的な原則に必ず出会います。今の文化から一夫多妻制の文化に移行することには同意できないと思いますが、他の人の妻を自分のものにしてはいけないという点では、ほとんどの人が同意するでしょう。

たしかに世界的に偉大な宗教は普遍的な人間の原則について、この見解を支持しています。ヒューストン・スミスは代表的な著作『Religion of Man』のあとがきに世界の偉大な宗教間の関連についてこう書いています。「宗教の関連については、重要な点では同じだということだ。それぞれが黄金律のある部分を含んでいるのではないか？　あらゆる宗教は人間の自己中心性をトラブルの原因と考え、それを克服しようとしているのではないだろうか?」

では、私たちはリーダーに何を求めているのでしょうか? リーダーに優しさ、謙虚、敬意、無私、赦し、正直、忍耐およびコミットメントを求めているのでしょうか? もちろんそのとおりです。まさにそこに黄金律をリーダーシップに適用する素晴らしい知恵があります。つまり、あなたが求めるようなリーダーにあなた自身がなりなさい、ということなのです。

マーティン・ルーサー・キングは人間性についてこう語っています。「道徳の世界には法則があり――静かで見えない命令という物理的世界の法則に似ている――人生というものはある方法でしかうまくいかないということを私たちに思い起こさせる。ヒトラーやムッソリーニが権勢を誇った時代はたしかにあったが、すぐに雑草のように刈り取られ、青菜のようにしおれてしまった」。

そこでもう一つの疑問があります。人は広く受け入れられている行動の原則に賛同しながら、なぜその基準に逆らって行動するのでしょうか?

この問いの答えを理解するには、より深く人間性、道徳の感覚、人格について探求しなければなりません。

人間性

ベストセラー作家で精神科医のスコット・ペックがセミナーでよく尋ねられるのは、「人間性（human nature）とは何か？」だそうです。

するとペックは、その質問を初めて聞いたかのように天井を見上げて考え込み、老眼鏡を外す前にこう口走ります。「人間性とはパンツをはいてトイレに行くことです！　では次の質問をどうぞ」。

聴衆が衝撃を受けたところで、おもむろにペックは答えの意味を説明し始めます。

二歳の子どもにとってパンツの中に排泄するのはとても自然なことです。事実、母親のもくろみは全くばかげていて、不自然に映るのです。つまり「ママ、大きくて冷たい白い物に乗って、僕は何をすればいいの？　そんなの不自然だよ！」

これがペックの言いたいことの要点です。人間であることの素晴らしさ、動物との違いは、新たな習慣を身につけるまで不自然なことを自分に課し、訓練できることです。朝、歯磨きをするのは〝自然な〟ことでしょうか？　最近、動物が歯を磨くのを見ましたか？　読み、書き、マナーを守り、他者のために精一杯努力するのは自然なことでしょうか？　何かができるまで自分自身を訓練するのは、それが「新たな習慣」になるまでは全く不自然なことです。

　人間と違って動物は、本能によってきっちりと方向づけられています。動物が環境から刺激を受けるとき、あらかじめ埋め込まれた本能によって行動します。もちろん動物は条件反射的な学習によって同じ行動を繰り返すことができます。だからシー・ワールドでシャチに輪を飛び越える芸を教えることができるのです。しかしシャチはトレーニングの成果を自分の手柄にすることはできません。シャチは芸の終わりに腹いっぱいの魚をもらうこと以外に関心がないのです。

　この原稿を書いている今の時期、オオカバマダラ蝶はアメリカの北部と中部からメキシコ・シティの西の山々へと越冬するために移動しています。オオカバマダラのなかには三千二百キロメートルも移動するものまでいます。驚くべき距離です。しかしこのオオカバマダラの大移動に興奮した人々が感情的になって「オオカバマダラの栄誉と英知よ！」などと感嘆するのを聞くと少しおかしくなります。

　では、なぜオオカバマダラはメキシコ・シティあたりの山まで移動するのでしょうか？　それは、オオカバマダラとはそうするものだからです！　オオカバマダラには旅の目的地を選択する自由はありませんし、自ら決定することなど絶対にありません。オオカバマダラのリーダーは一年の計画を勝手に決めることができないのです。「諸君、今年はサンタバーバラに行くぞ。もう何百年も海に行ったことがないからな」、なんてことはありません。ミシガン州にいるアオカケスはカルフォルニア州にいるアオカケスと同じ種類の巣を作ります。アオカケスも行動様式に自由はありません。

動物とは違って人間は、本能によって強く束縛されることはなく、〝自然の〟本能と言えるものは比較的少ないのです。殉教者や宗教的独身者が証明しているように、生存欲求や生殖など人間が持っている数少ない本能でさえ超越することができます。

人間には想像力、自由意志、良心および自己認識のような独特の能力が与えられています。人間には「自分の状態を熟考」する独特の能力があり、〝自然に〟起こることさえ変えることができます。人間は本能とは異なった選択をする能力を持っています。このような自由を持っていることの大きな責任を考えてほしいのです。将来どんな人になろうかと考えるとき、その決断をして自分の人生から生み出されるものに責任があることを忘れないでほしいのです。

古い映画『アフリカの女王』（原題：The African Queen）のワンシーンでチャールズ・オルナット（ハンフリー・ボガード）は、見るからにひどい二日酔いの状態で船の甲板の下から這い出してきます。チャールズは前夜酔っぱらって大騒ぎしたことを正当化しようと、ローズ（キャサリン・ヘップバーン）に自分の行動は人間として自然なこと、人間性なんだと言い訳をするのです。するとすかさず、ローズは開いた聖書の上からチャールズを睨みつけ、こう言い返します。「人間性ですって？　オルナットさん、私たちはそれを乗り越えるためにこの世に生を受けたんじゃありませんか」。

人間性の詳細

二年前、大きなリーダーシップの研究会に参加した際、著名な講師の基調講演がありました。

彼女は最後をこう締めくくりました。「ダライ・ラマは人間性の本質は善だと言いました。私たちはこの言葉を忘れずに人生を歩まなければなりません」。

聴衆は心地良いこの言葉に拍手喝采をしたのです。私が講壇の後ろで頭をかきながら去ろうとしたとき、ポール・ハーベイが講壇に上がり聴衆に語りかけました。

「人間性の本質は果たして善なのでしょうか？」

二十世紀の人類史を見れば明らかです。ヒトラー、スターリン、毛沢東、そしてキリング・フィールドのポル・ポトらの命令によって膨大な数の人が虐殺されました。これを見ても、ある人々の心の中に「善」以外のものが存在しているのがわかります。二〇〇一年に起きた9・11同時多発テロを見てもそれは明らかです。そして実際、自分の心の中を見つめるだけで、そこには善ではない何かがあることがわかるのです。心に留めなければならないのは、誰もが心の中に鎖で繋がれたままの「二歳児」を抱えているということです。時々その幼子は「私が一番！」と強く主張しますが、私たちはその子を退ける必要があるのです。私の妻はその小さな暴君について説明することができます。C・S・ルイスが言ったように、誰もが天国にも地獄にもなるような存在です。人は状況によってではなく自らの選択によってそのどちらかの人間になるのです。

正統的キリスト教は人間の中にある悪の傾向について長く取り組んできていて、ある教派では「人間の堕落の教理」と呼び、ある教派では「原罪」と呼んできました。

興味深いのは、心理学や哲学、そして社会学を専門分野とする学者たちが自由に議論をしても、皆が同じ結論に至るということです。9・11のような凶悪な犯罪に関してジョージタウン大学医学部精神科のロバート・I・シモン教授はこのように述べています。「悪の能力は人間にとって普遍的なものである。悪には連続性があり、その度合いは車の割り込みのようなものから偏見に基づく行為まで、そして連続暴行殺人のような大きな悪まで様々である。しかし私たちは全員、悪の根を持っているのだ」。

人々は、ヒトラーやポル・ポト、またスターリンのような歪んだ邪悪な存在を人類が生み出したことに驚きを覚えています。私たちは自然界にも奇形や異常、変形があるのを見ますので、これらの人間の逸脱行為が存在するという事実は驚くにあたりません。むしろ驚くべきは、これらの邪悪な男たちが邪悪な計画を実行するために何千もの人々を裏から操作できたということです。

私たちすべてが内に持つ善と悪の潜在的可能性は、古い禅僧の物語によく表されています。ある時、一人の少し乱暴で傲慢な侍が禅の師匠のもとを訪れ、善と悪の違いについて尋ねました。すると禅の師匠は不機嫌そうに答えました。「おぬしのような人間の屑に時間を使いとうない」。侍は怒りだして刀を抜き、叫びました。「拙者を侮辱するなど赦せん、たたっ切ってやる！」禅の師匠は落ち着いて答えました。「それだよ。まさに悪とはそのようなものだ」。侍は冷静さを取り戻し、禅の師匠が語ったことを理解しました。そして「良き師よ、深い教えに感謝します」と謙虚にお礼を述べました。するとその師匠は、「また善とは、そのようなものよ」と答えたのです。

二歳児を育てたことがある方は、人間のこの二つの性質をよく理解できると思います。二歳児の性質を覚えておきましょう。「私が一番！　あんたなんか、ふんだ！」です。二歳児のこの考えをよくよく吟味してほしいのです。

自分の子どもに「悪くなりなさい」と教える親がいたでしょうか？

道徳的感覚はありますか？

人間は生まれながらにして善と悪の道徳的感覚を持っていると私は信じています。しかし人間が生来道徳的感覚を持っているということと、人間が生まれながらに善であるというのとは、全く別の話です。

善悪の道徳的感覚は、人間にとって普遍的な他の感覚、願望、誘惑と競合しなければなりません。これらの欲求には、富を手に入れること、無責任で放縦なセックス、快楽の追求、力の保持、富の蓄積、そして他の多くの欲望が含まれるでしょう。

つまり道徳的感覚は、自分の思いどおりになることを要求する内なる二歳児と闘っているのです。私たちが正しいと知っていることと私たちが選び取った行動との間でどのようなドラマが展開されるか、それが私たちの人格を形成するのです。詳しくは後述します。

最近、アメリカ合衆国空軍士官学校でサーバント・リーダーシップについて講演し、倫理に関する研修会にも参加しました。進行係は道徳や倫理に関して二者択一を迫る興味深い例題を用意していました。たとえば「屋根裏部屋にユダヤ人を匿っていて秘密警察が来たときに嘘をつくのは道徳的に正しいことか？」といった具合です。グループは真剣に討議しました。

この種の知的な駆け引きは興味深くて面白いのですが、すでに社会に広がっている道徳的相対主義や「私もＯＫ、あなたもＯＫ」という考え方以上のものになるとは思えません。実際は、人生の大部分は道徳的二者択一の板挟みにはないということなのです。私は、ほとんどの人が、ある状況の中でなすべき合理的な良いアイデアを持っていると確信しています。私たちは善悪についての一般常識と、自分を導き得る良心を持っています。

そこで唯一の問題は、正しいことをする意志を私たちが持っているかどうかなのです。

まとめ

この章で人間性について少なくとも二つの真実が明らかになりました。

第一に、世界が投げかけてくる様々な刺激について、人は道徳的な選択をするという独特の能力を持っているということです。人間は反応を選択する能力を持っています（反応 response ＋能力 ability ＝責任 responsibility）。人間は、違いや反対行動、自分の本能や食欲、衝動や主張を越えて行動を選び取ることができます。人間は、それが新たな習慣になるまで、しっくりこない行いを選択することができます。

第二に、人間は善と悪に向き合う能力を持っています。悪い行動に傾くのは自然な状態なので、抵抗しなければなりません。庭がすぐに雑草で覆われることは周知の事実です。正しいことをする意志は、意図と行動が出会うところに生まれます。正しいことをする意志は、注意深く養われなければなりません。この世界をさまよう邪悪な存在にならないためです。

喜ばしいことに、人間には正しいことをする意志、勇気、強さを与えてくれる心理的特性、いわば道徳的な筋力があります。この道徳的な筋力が時間をかけて育成、強化されるなら、人間は自己の利益よりも原則を優先し、利己主義と目先の満足を乗り越えられるようになります。鍛錬された道徳的な筋力は、正しい選択を阻むものを屈服させます。

この道徳的な筋力には名前があります。

その名は、人格です。

第7章　リーダーの人格と人間性の変革

リーダーシップとは行動する人格である。

ウォレン・ベニス

リーダーシップの失敗の九九パーセントは人格の失敗である。

ノーマン・シュワルツコフ将軍

人格（character）は近年注目を集めている言葉です。

つい最近もリーダーシップにおける人格の重要性について激しい議論がありました。個人の人格はリーダーシップには全く関係がないと主張する人たちがいます。その考えに賛成しますか？　もし人格がリーダーシップにとって重要でないと思うなら、次の問いに答えてください。品性のない人々があなたに影響を与えて、新たな行動を促すような刺激を与えますか？　品性のない人々と良い関係を持っていますか？

人格というのは選挙期間中によく使われる言葉ですが、その意味を取り違えていることがしばしばあるのです。人格をよく理解するためには、第一に人格と性格の違いを知らなければなりません。

性格

「性格」（personality）はラテン語のペルソナ（persona）を語源とし、本来は古代ギリシアにおいて劇中の演者がつけた仮面のことです。それは演者の役割を表していました。性格とは、私たちが他者に見せるために身につけている仮面だとも言えるのです。

多くの心理学者は、人の性格は六歳までに発達し、そこでほぼ確定してしまうことを認めています。性格や様々な気質や傾向、また他者との関係性を測定するための性格プロファイリング・システムやその他のツールがあります。たとえば、おもに四つの関係の型を測定するＤＩＳＫはよく知られているツールです。主導型のＤ（dominance）、感化型のＩ（influencing）、安定型のＳ（steadiness）、慎重型のＣ（conscientious）、これらの四つの基本的な関係の型には科学的な裏づけがあり、私たちの多くは特に二つの型が優位となりますが、四つすべての複雑な組み合わせを持っています。性格タイプは外向的から内向的、社交的から内気、タイプＡ（向上心や競争心の強さを特徴とする性格）からタイプＢ（社交性の高さを特徴とする温和な性格）、積極的から消極的、ユーモラスからドライ、快活から敏感、魅力的から退屈、挑戦型から交渉型までとさまざまです。

性格は、人々が表現する魅力、親切、カリスマ性などの「社会的な印象」を含んでいます。とはいえ外面の印象と実際が異なる人がいます。ご存じのとおり、人格が性格と一致していない人がいます。ソクラテスは二千三百年以上も前にそのことを指摘しています。「この世で名誉を保ち続けるための最高の方法は、役になりすまして生きることだ」。

性格とリーダーシップは、ほとんど関係がないと言えます。なぜならリーダーシップは「表現の仕方《スタイル》」ではないからです。むしろリーダーシップは「実質」に関することです。性格は表現方法であり、人格は実体なのです。

これまで卓越したリーダーたちに会ってきました。右脳型と左脳型、背が高い人と低い人、太った人と痩せた人、雄弁な人と寡黙な人、積極的な人と消極的な人、カリスマ性のある人とない人、成功者の装いをした人と失敗者のような服装をした人とさまざまでした。歴史上の偉大なリーダーたちを見てもリーダーシップ・スタイルは全範囲に及ぶことがわかります。トム・ランドリーからヴィンス・ロンバルディ、ブラッドリー将軍からパットン将軍、メアリー・ケイ・アッシュからリー・アイアコッカ、フランクリン・ルーズベルトからロナルド・レーガン、マーティン・ルーサー・キングからビリー・グラハム。

それぞれが大変異なった表現方法と性格の持ち主でしたが、それでも彼ら／彼女らの独特のリーダーシップは効果を発揮したのです。

人格

十九世紀の信徒伝道者ドワイト・ムーディは、「人格とは暗闇の中にいる人だ」と述べました。

「人格」（character）という言葉はギリシア語の動詞「彫刻する」からきています。人格は、その人の内面の性質が外に現れたものです。人格は、性格（仮面）のさらに奥にあります。先に述べたように、性格は六歳までに形成されますが、人格はそうではありません。人格は健全な人であれば生涯を通じて成長し、発展し続けるべきものです。それゆえ「成熟」という言葉があります。人格は性格よりも重要なもので、それはこの社会が人の性格的特徴よりもその振る舞い（人格）に責任を持たせようとするところからもうかがえます。

人格はある意味、性格とは全く異なったものです。人格とは道徳的な成熟を指し、特に、犠牲を強いられる際に正しいことをする意志です。そして私には、何らかの犠牲が伴わない限り、それが人格による行為だとは思えないのです。実際、私たちの本当の人格は、正しいことを行う際に払うべき代償が通常の範囲を超えたときに明らかになります。

人格とは、価値観と原則に沿った振る舞いができる道徳的かつ倫理的な強さです。人生のままならないところは、正しさを認識することではなく、正しさを実践することにあるのです。繰り返せば、私たちの人格とは、正しいことを行うためのコミットメントの度合であり、それがリーダーシップを「行動する人格」と呼ぶ理由なのです。リーダーとは、正しいことを追い求める人々なのです。

日々、あなたは何と闘っておられますか？　私にはそれを知るすべがありませんが、私の心の内にある葛藤について打ち明けたいと思います。私には、自分が「したいこと」と「しなければならないこと」の間に常に緊張関係があります。今日すべきことと今日したいことの間で揺れ動いています。先に述べたように、たいていは自分のやりたいことをやろうとする内なる二歳児との闘いです。

人格の形成とは、習慣になるまで闘いに勝利し続けることです。

好きな人を愛することは誰にでもできます。大切に思う人にはキスできます。この地上で最も卑劣な人間であっても、それはできるのです。古いことわざにあるように、見返りを期待できない人への接し方によってその人の人格を判断することができる、ということです。繰り返しますが、リーダーシップ（人格）は、好ましく思わないときにも「正しいこと」を行うことであり、特に気分が乗らないときにこそ、そうすべきなのです。

もう一度繰り返しますが、私が皆さんに本当に理解してほしいのは、リーダーシップを身につけることと人格的な成熟は一体である、ということなのです。

先天的と後天的

私たちの人格となっていく良い習慣と悪い習慣が、遺伝と環境の双方から強い影響を受けることには疑いの余地がありません。そして、たしかに影響は受けますが、決定的なものではないのです。

同じ遺伝子を持ち同じ環境で育てられた一卵性双生児が全く異なった人になるということは、よく知られています。驚くのは、同じ遺伝子、同じ環境、同じ体を共有する結合双生児が二つのユニークな異なった人格を持つことです。

遺伝的な人格の「素質」と、生育した環境は、人によって大きく異なります。たとえば、親から深く愛されて育った子ども時代を持つ社交的な人物は、親から虐待を受けるような愛に乏しい子ども時代を送った憂鬱な人と比べて、明らかに利点があります。

それでも、自分の劣悪な境遇を乗り越えることを決心し、優れたリーダーとなり、自分と家族のために素晴らしい人生を築き上げた人もたくさんいます。一方で、子ども時代にすべてを与えられ、あらゆる特権と優位性を持ちながらも恥ずべき人生を選んだ人もたくさんいるのです。

また中には、与えられた能力や育った環境に応じて人の何倍も努力しなければならない人がいます。それはまた、「生まれつき」あるいは「才能に恵まれた」運動選手、音楽家、学生、そしてリーダーは他の人よりも少ない努力でよいことを意味します。

誰しも個人的傾向と人格形成の障害になるハンディキャップを持っています。ある人は、その障害を乗り越えることを選択し、またある人は、そうではありません。しかし、今の私がおよそどのような存在であるのかは、過去と現在の選択の結果だといえるのです。そして、私たちの未来の成長と発展には、この責任を引き受けるための十分な成熟が必要であり、もし自分の過去に対する責任を負わないなら、未来を創造する責任を負うことなどとてもできないからです。

私たちの今の状態は過去と現在の選択の結果ですが、将来を決定づけるものではありません。将来の状態、人格は、今日と明日の選択によって決まります。

喜ばしいことに、私たちは今とは違うものを選択することが可能で、それは今日から始めることができるのです。

人格は習慣

簡単に言うと、人格とは私たちの習慣をすべて集めて、美徳も悪徳も一つの箱に詰め合わせたようなものなのです。

人格とは善を知り、善を行い、善を愛すること――つまりその思考の習慣、意志の習慣、そして心の習慣のことです。アリストテレスはこう教えています。「道徳的高潔さは習慣の結果であり、それは繰り返し行動することでつくられていく。公正な行動によって公正な人になり、自制のきいた行動によって自制心のある人になり、勇気ある行動によって勇気ある人につくられていくのだ」。

前にも書いたように、わが家の八歳児に七年にわたって人格を教え続けてきました。何度も何度も、繰り返し繰り返し、です。忍耐しよう、人の邪魔をしない、お行儀よくしよう、人の話を聴こう、威張らない、人のことを考えよう、赦そう、正直であろう、最後までやり遂げよう、などです。

老犬に新しい芸を教えるのは難しいと思いますか？　この「子犬」たちだって、かなり手強いですよ！

つまり、習慣の作り手である自分自身が新たな「私」を創造していくのです。古い格言が、それをうまく表現しています。「思考は行動になり、行動は習慣になり、習慣は人格になり、人格は運命になる」。

別の言い方をすれば、人格は運命を決めるかもしれませんが、人格は運命によっては決められません。

人格は、選択によって決まるのです。

人格の形成

伝統的に人格は三本脚の椅子に喩えられてきました。一本目の脚は家庭です。何年もかけて教育され、道徳への信頼と習慣を習得します。二本目と三本目の脚は地域の学校と地域社会であり、そこでは生徒やメンバーが高い行動基準を課せられていました。

長い間、すべての人は多くのことについて共通の考えを持っているように見えました。学校や近所で問題を起こすと、家でもひどく叱られました。

子どもたちに良き習慣を教えることは、両親から子どもたちへの最高の贈り物です。心理学者のウィリアム・ジェームズはこう語っています。「若い人には習慣によって自分の人格が形成されることを知ってもらいたい。そうすれば早いうちに自分の行動にもっと気をつけるようになるだろう。良い習慣あるいは悪い習慣による行いのすべては、たとえそれがどんなに些細なことであっても痕跡を残すのだから」。アリストテレスも同じことを語っています。「子ども時代からの習慣は小さな違いではなく、むしろ大きな違いをつくっていく」。

この国アメリカでは才能を称賛し、才能に対して寛大な報酬を与えます。しかし優れた人格は、才能以上に称賛されるべきです。

なぜでしょうか？　人が持っている立派な才能の多くはある程度――時にはかなりの程度――神の賜物、天賦の才能・能力だからです。一方で練られた人格とは、どんなに傷や欠点があっても、自分自身の素質から一日一日、一年一年、選択の積み重ねによって鍛え上げられた唯一の存在です。唯一無二の人が形成されるためには勤勉、勇気、献身的努力、そしてたとえ困難な選択や支持されない選択であっても正しい道を選び続けることが求められます。

友人エリザベス

忘れることのできない個人的な経験を紹介してこの人格の章を締めくくります。親しくしていたひとりの人が数年前に亡くなりました。エリザベス・モーリンといって、何年も前に私たち夫婦が養子縁組をした素敵な年配の婦人です。

八十九才で亡くなりましたが、私の知る限り最も生き生きとした人でした。彼女は世の中を皮肉ったり、自分が悟りの境地に達してすべてを理解したとも思っていませんでした。新しいアイデアや考え方に対していつもオープンでした。物静かで内気ですらありましたが、機知に富んだ話をするので彼女を良く知る人たちは知恵の言葉、時には深淵なコメントを聞き漏らさないように注意深く耳を傾けました。声が小さかったので、近寄って聴かなければならないことが難点でした。

亡くなる前、病院を訪ねましたが、私の方が悲しくなりました。彼女が私を慰めているとき、人格について分かち合いたいと言いました。エリザベスが天国に帰る直前に贈り物をくれたのは、いかにも彼女らしいことです。

話はこのようでした。「ジム、私はもうすぐ死ぬことになるわ。古い友人たちも私に会いに来てくれているの」。

「そうだね、エリザベス。毎日大勢の友人たちが病院の廊下に並んで順番を待っているね」。彼女はしばらく考えた後、生涯忘れることのない言葉を語ってくれました。「ジム、古い友人たちは、あの人たちが若かったころと変わっていないどころか、今はもっと進んでいるのよ」。

おわかりでしょうか？

話の内容を聴きとれるほど注意を払っていなかったので、聞き返しました。「どういう意味だい？」

「三十年前、わがままで自己中心だった古い友人たち、今の彼女たちをよく見てごらんなさい。私の病室に来てベッドの横に座り、自分のことや自分の問題を九十分間一方的に話して帰っていくの。何のためにここに来たのか全く不思議だわ」。

「でも、三十年前から正しく歩んできた人たちはどうかしら？　人々を思いやり、自分を献げてきた人たちはどう？　現在の彼らの聖人のような姿をよく見ておくのよ、ジム」。

人は成長して豊かな実を結ぶか、実を結ぶことなく枯れて腐ってしまうかのどちらかです。

もうエリザベスに会えないことが、ほんとうに寂しい。

毎日の小さな選択は、自分が今日どんな人でありたいのかだけでなく、明日どんな人になりたいのかの選択でもあるのです。再びC・S・ルイスです。「あなたや私が行う日々の小さな決断が限りなく重い理由を教えよう。今日の最も小さな良き行いは、数か月後には夢にも思わなかった勝利へと導くことになる。そして今日、一見些細に思える情欲や怒りに身を委ねることは、敵の攻撃を阻んでいた崖や鉄道や橋頭堡を失うことにつながり、敵につけ入る隙を与えることになるのだ」。

人が変わる方法

他の誰かより自分のほうが優れているという、そんなところに気高さなど全くないというのが真実だ。真の気高さは、かつての自分よりも今の方がすぐれているという、ただそのところにある。

ホイットニー・ヤング Jr.

意識的な努力によって人生を高めようとする人の歴然たる能力が我々に勇気を与えてくれるという事実に勝るものを私は知らない。

ヘンリー・D・ソロー

本書をここまで読み進めてくださったあなたは、個人的な継続的成長に努めておられることと思います。先述したように、あなた自身が変わろうとしなければ成長はできません。すべての変化が成長をもたらすわけではありませんが、すべての成長には変化が求められています。

ここに課題が生じます。

人は本当に変わることができるのか？

リーダーシップ・スキルを伸ばしたいと望んでいる人たちと一緒に仕事をするとき、変革に対するその人たちの基本的な考え方（パラダイム）を最初にチェックすることがとても重要です。

変わることは可能だとしてもそれほど多くの変化は望めないという根深い信念を人々は持っています。アメリカのことわざを紹介しましょう。「豹は体の斑点を変えることはできない」、「老犬に新しい芸を教えることはできない」、「俺は俺であって、それが俺のすべてさ。俺は船乗りポパイなんだ！」。このポパイの宣言を何度も聞きました。このことわざはカウチ・ポテト族（訳注：ポテトチップスを食べてソファでゴロゴロしている人）にとって素晴らしい信念です。

自分自身の人生、向かっていく方向、日々何者かになっていくことに対して責任を取らないための素晴らしい言い訳です。ところで、老犬には新しい芸を教えられないと誰が言ったのでしょう。人に対してならともかく、犬に対しては侮辱です。

もしあなたが人は変われると信じないなら、地元の図書館に行って人々がどのように人生を良いものに変え、かつての自分とはまったく違う存在になったかについて書かれた本を、何千冊もの蔵書の中から数冊でも借りてみることをお勧めします。もし私たちが人は変われると信じないなら、私たちにはリーダーシップ・スキルをこれ以上開発する資格はありません。なぜなら、それは変わることを要求されるものだからです。

変わることには苦痛が伴い困難なことでもあるので、ある人々は猛烈に抵抗します。アメリカの心理学者で「人間の欲求ステップ説」を説いたアブラハム・マズローは、安全と安心の欲求がどれだけ強力であるか、一旦満たされたその欲求は継続的な変化と成長に対してどれだけ強く抵抗するかを教えてくれています。

変化を受け入れることは人間にとって自然なことではありません。しかし幸いなことに、変化の受容は学習による行動であり、繰り返し実践することによって新たな習慣となるのです。変化は困難で不快なことであると同時に、人は成長するものであり、より良い方向に変わることができるのです。

つまり、人は変わることなどできない、と考えるのは間違っているのです。

一方で、変化することなど簡単だと考えるなら、それもまた誤りです。

変革と成長へのステップ

アレン・ウィーリスが三十年以上前に書いた『How People Change』という小冊子から深い示唆を受けています。その本では人の変革について力強く語っており、お薦めです。

ウィーリスの前提は、人の変革は一般的に四つのステップがあり、苦しみ、洞察、意志、そして最後に、変革それ自体です。

私もリーダーたちとの何年にもわたる研修会、その中で彼らの成長と変革のプロセスを支援した経験から、この四ステップは的を射ていると思います。

苦しみ（軋轢《あつれき》）

リーダーたちが研修会に参加するときに直面する最初のステップを、私は軋轢のステップと呼んでいます。ウィーリスはそれを「苦しみ」と呼んでいます。私たちを居心地の良い場所から引き出すには、軋轢、痛み、不快が必要です。本人が望むかどうか、簡単であるか否か、痛みがあるかどうかに関わらず、私たちが変化するための強力な動機づけとなります。『7つの習慣』の著者スティーブン・コヴィーは、「個人的な変化の主な原因は痛みだと思う……もし痛みがなかったら変化のための十分な動機づけや謙虚さには至らない」と語っています。

たとえば、痛みや不快な症状は医師、歯科医、精神分析医、教会、減量クリニック、アルコホーリクス・アノニマスなどに行くための動機になります。

たしかに、その後の人生を変えてしまうような重大な感動的出来事を経験する人がいます。しかしこのような人々は非常に稀であって、私たちの大部分は単調で無気力な生活から変化のある人生へと移動するために何らかの軋轢を必要とするのです。

この不快（苦しみ）をリーダーシップ育成に適用するなら、リーダーシップ・スキルをさらに向上させる機会となります。軋轢は様々なところからもたらされます。リーダーシップ・スキルの向上を求める上司や人間関係、家族問題、健康問題、部下などによる三六〇度評価、離婚問題等、多方面からやってきます。

私の主催する研修会の現場では、そのような痛みや不快感を抱いているリーダーに出会うことがあります。

逆に、私たちが研修会に招かれるのは、真のリーダーが個人および組織の継続的な改善を主張することによって自ら摩擦を引き起こしているときです。先に述べたように妻と私は健康的なグループよりむしろ機能不全に陥っているグループから仕事を依頼されることが多いのです。

洞察

研修会の参加者の注意を引きつけることができると、次のステップは洞察と教育です。自分たちリーダーの行動と人間関係の習慣が、どのように自分自身と人間関係を害しているのかに気づかせるのです。この洞察には参加者一人ひとりが、変化と成長のために真の準備をするなら変化は可能であると知的に納得することも含まれています。そしてまた、変化というのは困難なもので、参加者たちの全面的な協力とコミットメントがなければ続ける意味がないのだと理解してもらう必要もあります。

洞察には、自分の状況を深く考え、他の行動を探し求め、変化を選択できるという大きな自由を理解することも含まれます。「私は出来の悪いリーダーです」、「これが私なんです」、「どうしたらいいかわからない」とリーダーが話すとき、彼らは問題から逃げているのです。これらの言葉はリーダーの過去と現在、そして未来の状況も露わにしています。しかし、そのままでいいはずはないのです。

洞察は、学ぶ者に希望を与えるものでなければなりません。希望は、変化というものが実際に可能であり、この現実世界で頻繁に起こっていることだと理解し、信じるところから生まれます。詐欺師が善良な市民になり、アルコール依存の人が健康になり、高圧的で理不尽な要求をする上司の性格が変わっていく。

なんと素晴らしいニュースでしょうか！

意志（will）＝意図（intention）＋行動（action）

ここで再び、選択について説明しましょう。

研修会の終わり頃、リーダーたちに次のように語りかけます。「この研修会の後、学んだことを一つでも実践しなければ、たくさんの貴重な時間と努力を無駄にしたことになります。その上、あなたがたの株主や研修会の参加費を払った人々を騙したことにもなります。なぜなら、実践のない知識は何の役にも立たないからです。もし皆さんの株主が、今日の研修で〝心温まるゆったりした〟時間を過ごして職場には何も適用しなくていいですよと言ってくれるなら、私たちは皆さんに『大草原の小さな家』（訳注：一九七〇年代後半からアメリカで制作された西部開拓期の家族を描いたテレビドラマ）のＤＶＤを送るだけですみ、株主の方々は大いに節約ができたはずです。皆さんは自宅でくつろぎながらそれを観て、心温められ、月曜日の朝には何も変わらず仕事に戻るでしょう」。何が正しいことかを学びながら、その正しいことを実践しないのなら何の意味もありません。

リーダーが変わるためには、絶対的なコミットメントが必要です。このコミットメントには意図したことを具体的な行動に移すためにいかなる努力も惜しまない意欲が欠かせません。そして、新しい習慣がしっかり身につくまで繰り返し行動する決意が必要となります。

治りたいのですか？

このコミットメントと変化への意欲は、見た目にはわかりにくいかもしれません。しかしリーダーたちのコミットメントは、困難と向き合うときに明らかになります。もう一度言いますが、人々は「はい、私は成長してベストを尽くしたいのです」とか「良くなり続けると信じます！」と正論を口にしながら、今の自分がこれまでとは違った存在になるための行動は本人の信念とは正反対なものになるのです。

聖書には、死の病にかかって四十年近く歩けなかった男にイエスが近づいていかれた出来事が記されています。イエスはとても奇妙な問いをその男に投げかけました。「治りたいのか？」

最初にこの箇所を読んだとき、なんてばかげた質問だと思いました。「あなたは治りたいのか？」なんとも奇妙な質問ではないでしょうか？　当然、その男は治りたいはずです。病気で苦しみ続ける人生を想像してみてください。一体誰が、快復してもう一度すっかり健康になることを願わないでしょうか。

その後私は、治らないことを望む人も多くいることを学びました。

ある優れた講師が、妻が主宰する心理カウンセリングのセミナーにおいて彼女にこう言ったそうです。「私は患者と接するとき、彼らがその病気からどんな〝見返り〟を受けているのかを探ろうと努めています」。

今になって妻は、その講師の言葉の意味を理解できたと語ります。そこには、人々があえて選ぶ状態から得られる多様な見返りの可能性があるのです。病気を患っていることで多くの人から注目され、生活費を稼ぐ必要がなくなり、人々から助けられ、親切にされ、同情を寄せられます。

妻によれば、これまでに出会った人の多くが早く良くなって生活を改善したいと言うのですが、その言葉を実現するために必要な変化と困難を選び取る人はごく少数だそうです。

同様に、無能なリーダーで居続けることで見返りを得られる可能性もあるのです。たとえば、無能であるということはリーダーが他者の正当なニーズを満たすために惜しみない努力をしなくてもよいことを意味し、彼らは椅子にふんぞり返って職権を振りかざすだけでよく、それはとても楽なことなのです。加えて、人々が問題を抱えていることを認めなくていいし、他者からの不快なフィードバックを我慢しなくてもいいのです。このような見返りの可能性は広範囲に及びます。

つまり、変化に対する強い意志を持つには、善意や感動的な励ましだけでは不十分なのです。

何年にもわたってリーダーシップ・スキルの向上を担う経営陣と一緒に仕事をしてきましたが、研修会の参加者の中で驚異的な成長を見せる人が、いつも全体の一〇パーセントほどはいました。この人たちについて他の人々が話す言葉は、こうです。「ボブに何があったのかは知らないが、彼は別人になった！」

このような特に優れた参加者に対しては、二、三の簡単な質問をして劇的な成長の理由を探ってきました。「あなたが何をしたのか、それを教えてください。もしあなたが、自分はどのようにして惨めなリーダーから優れたリーダーになったのかを本に書くとしたら、どのように書きますか？」

このような質問に対してリーダーたちの多くは常に、そう、常に同じ回答を口にしました。私の顔を真っすぐに見て、こう言うのです。「私はただ決心をしただけです。昔の自分に嫌気がさしたのです。もう、うんざりなんです。だから、そうすることに決めたのです！」

たばこをやめた人の言葉のように聞こえませんか？　ダイエットに成功した人のようでもありますね。それとも、禁酒をやってのけた人のようでしょうか？　なるほど、ウェイト・ウォッチャーズ（訳注：減量を指導する企業）ではダイエット希望者に「我慢の限界」について、アルコホーリクス・アノニマスではメンバーに「底つき体験」について話をさせます。人が自ら「もうたくさんだ！」と言う時が、まさに変化を始める時なのです。

しかし鐘や笛が鳴り響き、花火が打ちあがるわけではありません。天使からの輝かしいお告げもありません。ただ純粋に、昔ながらの素朴な方法、「私はそうすることに決めた！」があるのみです。

単純に聞こえますか？

本当に変わろうとしたことのない人々にとっては、そう思えるのです。

変革

行動が長期にわたって着実に繰り返されることで、実質的かつ持続的な変化が起こります。

変化のプロセスにおいて開始と停止、飛躍と後退、増大と減少があると理解しておくのは大切です。この事実は多くの人をがっかりさせるのですが、それは私たちが即時的な満足を求める文化の中にいて、すべてを今すぐに、と願うからでもあります。

現実には、持続的な変化は徐々に起こり、それは良い習慣においても悪い習慣においても変わらない現実です。覚えておきたいのは、悪い習慣も簡単に身についた訳ではないということです。最初はビールに始まって、ウィスキーへ、そしてマリファナからコカインへ……。最初は小さな嘘、より大きな嘘、そこから小さな盗み、続いて大きな窃盗、さらに……。

バスケットコーチの伝説上の人物ジョン・ウッデンは言います。「毎日少しずつ改善していけば、やがて大きなことが起こる。大きなことを急いで求めてはいけないよ。日ごとの小さな進歩を求めることだ。それが唯一の道であって、その大きなことが起これば、それは継続するんだ」。

習慣の構造

ウィリアム・ジェームズは人間を「習慣の束」と呼んでいます。人が真に変わろうとするときに働く力をさらに理解するために、私たちの人生を強力に支配している、習慣を身につけ、また断ち切ることに関わる力学を理解することが重要です。

習慣は「定着した」反応になるまでに四つの段階を経ます。四つの段階の概要は次のとおりです。

第１段階　無自覚で未熟

第１段階は無自覚で未熟な段階。知識がないことで、自分のスキルや振る舞いに気づいていません。これはトイレ・トレーニングの前、初めての飲酒や喫煙の前、スキーを習う前、バスケットボールをしたり、ピアノを弾いたり、タイプを打ったり、読んだり書いたり、または良きリーダーになる以前の状態です。

この段階では、あなたは自らの行動について無知か無関心のどちらかなので、未熟なままなのです。

第2段階　自覚しているが未熟

この段階では、新たな振る舞いについては自覚しつつも、それを安定的に一貫して行うためのスキルと習慣がまだ身についていません。

母親が小さな子どもを大人用のトイレに行かせるようなものです（こんなの不自然だ、ママ！）。初めてたばこを吸うとき、初めてアルコール飲料を飲むとき、初めてスキーで斜面を滑ろうとすれば二十回は転び、ピアノの弾き始め、タイプの練習など、ありとあらゆることがそうです。

第2段階は不器用な段階であって、この不器用さが成長と改善の旅路において抵抗になるのです。もし私たちが、このぎこちない感覚を我慢できなければ、しばしば諦めてしまうことになるのです。

リーダーにとって、このぎこちなさは、初めて人々に責任を負わせたとき、彼らの取り組みを評価しようとしたとき、または単なる上司というよりも敬意をもって従業員に接し始めたときに生じるかもしれません。それはぎこちなさ、不快感、または脅しのようにさえ感じるかもしれませんが、これらの感情と闘って乗り越えなければなりません。

これが、コミットメントが重要である理由なのです。

第３段階　自覚し熟達する

この段階では、私たちがますます熟達し、新しい振る舞いにも心地良さを覚え、それがスキルになり、習慣にもなっていきます。子どもたちがトイレを上手に使えるようになり、たばこやお酒を適切に嗜めるようになり、スキーではほとんど不安なく滑れるようになり、タイピストやピアニストはキーボードや鍵盤上の指を見る必要はなくなります。

いわゆる「コツをつかんだ」段階です。いくつかの面では考える必要もありますが、行動を起こし、練習を続けることで、ますます「自然」になっていきます。

第４段階　無自覚かつ熟達する

最後の段階は、振る舞いが習慣化されてとても自然になるので、〝考える〟必要すらなくなります。もはや行動は「新たな習慣」になっています。

朝起きて歯を磨くのに〝考え〟なければならないでしょうか？　そんなことはありませんね。熟練のタイピストやピアニストはキーにうまく指が乗っているか〝考える〟でしょうか？

第４段階は三つの灰皿に三本の火のついたたばこを置いているチェーンスモーカー、アルコール依存症、街を歩くのと同じように斜面を滑り降りるスキーヤーの状態です。

第4段階では、リーダーはすでに良きリーダーになっているので、なろうとしなくてもよいのです。

良い習慣も悪い習慣も、身につくのには時間がかかり、それを断ち切るのにも時間がかかります。私の経験では、リーダーと人格の変革に取り組む場合、古い人格の癖が消え始めて新しい反応が「習慣」になるまでに、少なくとも半年を要します。これは最短の時間です。深刻な習慣の場合だと、何年もかけて新しい習慣に取り組まなければなりません。

自己肯定感と変革

自己肯定感は成長と変革にとって不可欠であると主張する多くの書籍を読みました。人が自分自身について「満足している」と感じていないなら、または「インナーチャイルド」が傷ついていると、成長と変革はほとんど起こらないというのです。そこで著者たちは、当人がそれを受けるに値するかどうかに関わらず、何よりも大切な自己肯定感を養うため、彼らが取り組む課題においてあらゆる種類の評価や称賛を過剰なぐらい与えるようにと、親や教師、また上司に対して勧めています。

「良いことをすると気分がいい」はアブラハム・リンカーンの言葉ですが、私は仕事をとおしてこれが真実であると知りました。

明らかにそうではないのに、君は素晴らしくて有能だと告げることによって自己肯定感と自信が築けるのではありません。自己肯定感と自信は、目標を設定して達成すること、他者に積極的に関わること、そして先に述べたように自分を「目指すべき姿」に合わせることから生まれます。他者に積極的に仕えて健全な方法で行動し始めると、自分自身への見方が変わり、新たな自信を持ち始めます。この主張を支持する十分な証拠もあります。

心理学者アービン・スタウブは利他主義に関する代表的研究において、ナチス政権からユダヤ人を命がけで守った人たちを調査しました。スタウブは言います。「善行も、悪行と同じように小さな一歩から始まる。生まれながらの英雄はおらず、彼らはそうなっていくのだ。よくあることだが、援助者というのは小さな犠牲を払うことからスタートし、一日か二日誰かを匿《かくま》う。しかし一旦その一歩を踏み出すと、人は援助者として自分自身をこれまでとは異なった目で見るようになるのだ」（傍点は著者）。

この研究をさらに読み進むと、これら「自分自身を異なった目で見る」「英雄たち」は「助けなければならない」と確信して、さらなる危険を冒し始めます。彼らは自分自身を（援助者として）見ることと、援助のためにしていること（救出行動）との整合性を探し求めていたのです。

興味深いことに、ホロコーストの時期におけるユダヤ人救出について、これらの英雄的な人々は実際のところ低い自己肯定感しか持ち合わせていなかったと判断する、よく知られた調査もあります。しかし研究者たちは、自己肯定感と救出者になることの間には全く関係がないと結論づけました。

驚きを覚える人がいるかもしれませんが、最近のいくつかの研究では、ある種の過度の自己肯定感が暴力への傾向を強めるように見受けられ、過度の自己肯定感と非倫理的・反社会的行動との間に強い関連性があることも明らかになった、と結論づけています。

まだ調査は始まったばかりですが、エンロン社やタイコ社の経営幹部たちが見せた極端な傲慢さとプライドが、あの非倫理的かつ不道徳な行動につながったのでしょうか。（訳注：2001年のエンロン・ショックのこと）

さらに代表的な例では、アーリア人種として優越感を持ったナチス政権下の多くのドイツ人がそうであったことでしょう。この優越感を土台として、あの民族浄化と「最終的解決」という残虐行為が引き起こされたのです。

まとめ

喜ばしいことに、人は習慣の束です。

悪いことに、人は習慣の束です。

習慣は変えることができ、またより良い方向に変えることができるのです。人は今日とは違う自分になることを選ぶことができます。学びと成長に遅すぎることはありません。もしあなたが自分は学んで成長するには歳を取りすぎた、また怠けすぎたと言うなら、リードすることにも遅すぎます。

長年の染みついた習慣や行動を変えるためには多大なコミットメントと努力を必要とします。しかし残念ながら、多くの人がそれに取り組もうとしないのです。

あなたがなりうる最高のリーダーという目標を目指すために、その旅を助ける効果的なプロセスがあります。

それは、今から方向を変えることです。

第８章　リーダーシップ研修の実施

この世界で私たちが見たいと願う変化に、私たち自身がならなければならない。
マハトマ・ガンジー

現代の職場は非常に優れた人格形成の場となりうる……なぜなら人材は企業の最も価値ある資源であり製品だからである。そして成功する企業は、それをやっている。
ラルフ・ラーセン　元ジョンソン＆ジョンソンＣＥＯ

サーバント・リーダーシップの原則を長年にわたって公私の場で熱心で好意的な聴衆に教えてきました。管理職たちはそのときの教材を気に入り、サーバント・リーダーになることに強い関心を持ち、非常に熱烈な評価をしてくれました。

組織の管理職たちにサーバント・リーダーシップの研修をすると、一年から一年半後に必ずと言っていいほど人事担当者から電話がかかってきます。「ハンターさん、もう一度講義に来てみんなを奮い立たせてください」と。

もちろん喜んで応じますが、三回、四回と研修を重ねると、研修費を払っている株主や納税者の方々に申し訳なく思うようになります。もし研修の成果が参加者の行動の変化ではなく、研修時の一時的な納得と満足感だけなら、その研修に一体何の意味があるのでしょうか?

研修転移

若いころに企業の人事担当者だったので、リーダーシップ研修の曖昧な統計と定量的成果があまり芳しくないことをよく知っていました。今は亡き教育心理学者エドワード・ソーンダイクが「研修転移」と名付けたものによれば、実際のところ研修内容の一〇パーセント程度が実行に移されているに過ぎません。

毎年、世界中でリーダーシップ研修に費やされるお金の総額を考えてみてください。受講者十人中一人だけに変化がもたらされることが費用対効果だとするなら、この投資に株主や納税者が納得するとはとうてい考えられません。

最初、その一〇パーセントという数字は非現実的で低すぎると思えたので、再調査をすることにしました。ある組織のリーダーシップ研修の約一年後、人事担当者に電話をして、研修を受講した人の中の何人がリーダーシップ・スキルについてはっきりとわかる「変化」を示し、それが研修の成果だと認められたかを尋ねました。

残念ながら結果は戸惑いと失望をもたらすものでした。その回答もやはり一〇パーセントに近い数字だったのです。五十人の管理職のうち、人事担当者が実際の行動面において明らかに大きな変化があったと認めたのは四、五人だったのです。

驚きました。

なぜ人々は学んだことを実践しなかったのでしょうか？　なぜ変わろうとしなかったのでしょうか？　なぜ、熱心に聞いたサーバント・リーダーシップの原則を実践しなかったのでしょうか？

転換点

しかし、講師である私はついに見出したのです（そして、受講者にも準備ができていました）。十年ほど前のことですが、研修方法を劇的に変える出来事がありました。

インディアナ州中部のある組織の管理職たちに三回目のサーバント・リーダーシップ研修を指導していたときのことでした。セミナーの終わりになって、最前列に座っている男性の一人が涙を流しながら手を挙げていることに気づきました。

彼が話したことを一生忘れないでしょう。

「ジムさん、今日の講演は三年前に聴いた話と同じだったと思います。あなた、説教がましいですよ。私はね、あなたがおっしゃったことを職場のスタッフや妻、そして三人の息子たちに実践しなきゃいけないことなど、ここにいる誰よりもよくわかっています。でもね、ジムさん。何が問題で実行できないのか、その説明をさせてくださいよ。今日のセミナーが終わって仕事に戻るとき、私が何をしなければならないのかを知ってほしいのです。机の上にはQS－9000（品質管理基準）のプロジェクトがあって、それだけで手一杯です。金曜日までに担当部署の予算案を準備しなければならないし、遅れている四件の実施報告書を書かなければならないし、安全管理の問題も抱えていて、家庭にも問題のある息子が一人いて、そのことが頭から離れません。

ざっと思いつくだけで、これだけあるのです。一年か二年して、あなたがここに戻ってくるまで、私がサーバント・リーダーシップに関して新たな情報を得ることはおそらくないでしょう。上司からサーバント・リーダーシップの適用を求められることもないだろうし、上司がサーバント・リーダーシップを実践するのを見ることもないでしょう。それを認めるのは恥ずかしいのですが、このサーバント・リーダーシップの盛り上がりは、これまでと同じようにやがて棚上げにされることでしょう。私もここに来て、感動し、期待もしましたが、今はその思いも無くなってしまいました。これで終わりにしますが、正直に言うとジムさん、私たちにもこれをするように求めるというのは、とても不公平だと思いますよ」。

彼の意見は私の心に強い痛みをもたらしましたが、同時に問題の核心を露わにしてくれました。もちろん彼は全面的に正しくて、私は見落としていたものに初めて気づいたのです。

少なくとも、受講者がサーバント・リーダーシップについて定期的に話せる環境を作る必要がありました。受講者がリーダーとして成長するため、それを支援し励ます環境を整える必要があったのです。受講者の成長のために幾ばくかの「軋轢」を与え、継続的な成長を図るためのちょっとした「後押し」ができる環境整備です。経営幹部にはサーバント・リーダーシップの原則を真に身につけてもらい、誰が見てもわかるような実践を求めたのです。

インディアナ州のこのセミナーのすぐ後、見落としていたものについてさらに洞察を得ました。それはダニエル・ゴールマンからでした。

心の知能指数（Emotional Intelligence）

ハーバード大学の教授でベストセラー作家のダニエル・ゴールマンには「心の知能指数（EQ）」に関する多くの著作があります。

心の知能指数は人間関係能力、動機づけ、ソーシャルスキル、共感、自己理解を包括する、意味合いの広い用語です。五十年前にデール・カーネギーがリーダーシップにおける成功の七五パーセント以上が対人能力に負うと述べたところ、多くの人が嘲笑しました。ゴールマンはカーネギーに半世紀遅れて登場し、実証的研究と事実によってリーダーシップの成功には対人能力が八〇から一〇〇パーセント関連していると発表したのです！

ゴールマンからの引用です。「心の知能指数に含まれるスキルの集合体を昔ながらの言葉で表すとしたら、それは人格です」。

ゴールマンは神経科学の分野において科学者たちが過去数十年間に成し遂げてきた偉大な進歩について研究と報告をしていて、物事の細部にこだわる左脳タイプの方には強くお薦めしたい内容です。

ゴールマンの研究の大前提は、人は心の知能指数、リーダーシップまたは人格を、数学、物理、自動車整備またはエクセルの計算シートの設定方法などの技術的または分析的スキルのようには学べないというものです。つまり、リーダーシップは知的に獲得できるものではないのです。「はい、サーバント・リーダーシップの原則に同意します」と言って、良きサーバント・リーダーになれるものでもありません。単なる知的な同意には全く効果がないのです。先に触れたように誰もがサーバント・リーダーシップの原則に賛成するのですから！

それ以上のものが必要なのです。

神経科学の進歩は、人格が成長するための脳の感情を司る部位が、思考を司る部位とは学習方法が異なることを発見しました。心の知能指数のスキルが発達するのは大脳辺縁系と呼ばれる脳の領域で、衝動、動機づけ、意欲を制御しています。技術力、分析力を習得するのは大脳新皮質で、論理や概念を把握する部位です。

一方、リーダーシップは知的に理解するものではなくて、むしろ運動選手、大工、音楽家のスキルの習得に似ています。リーダーシップのスキルは、知識と練達への行動が結びつくことによって上達します。もう一度言いますが、本を読んだだけで泳げるようになる人がいるでしょうか？

しばしば、セミナーを始める際に聴衆に向かってセミナーに参加するだけでは良いリーダーにはなれないことを伝えています。驚くべきことに、この時点で退席した人はまだ一人もいません！　そこで彼らに、冗談を交えてこう言うのです。「もし私が、たった四時間でハンディゼロのゴルファー、名ピアニスト、大工の棟梁になれますというようなセミナーの広告を出したらどうでしょうか？　それを聞いて参加費を払ってくれる人がいるでしょうか？　もちろん、皆さんの中で最も騙されやすい人を除いて、誰も来ないでしょうね。理性的な人なら、たった四時間でそんなことができるはずがないと言うだろうし、それが正しいのです」。

本を読んだり、セミナーに参加したり、ビデオの講義を観たりして、リーダーシップについて学ぶことはできます。しかしそれだけではより良いリーダーにはなれません。しかし世界中のほとんどのリーダーシップ・セミナーや研修会で、実際にそう教えているのです。

残念ながらほとんどの組織が、実際の行動の変化をもたらすために真に必要なことを提供してほしいと、リーダーシップ研修会の主催者側に求めないのです。これはまた、リーダーシップというものを、学び、成長させ、継続的に改善し続けるスキルとして捉えていない組織にも、問題があります。ある人をスーパーバイザー（監督職）に昇進させ、給与を二〇パーセントアップし、日帰りのスーパーバイザー用セミナーに参加させて、部下となる人々に「今日からこの人が新たに上司に加わりました。よろしく！」と手短に伝えれば、時間、労力、その他の資源を節約できると安易に考えます。この人は今や組織にとって最も有用な人物となった、つまり人々を導くための準備が完全にできていると言うのです。

さて、人間が心の知能指数（人格）を向上させることについては、良い知らせと悪い知らせがあります。

良い知らせは、心の知能指数は遺伝的に決まっているものではなくて、一方でＩＱは十代を過ぎるとほとんど変化しないというものです。心の知能指数は人生をとおして向上させることが可能で、それは成熟と呼ばれるプロセスです。

悪い知らせは、古い習慣を断ち切って新しい習慣に置き換えるには、とてつもなく大きな努力を必要とするということです。ゴールマンが次のように語っています。「粘り強い実践があれば、変化は長続きして成果になりうる。大切だから強調しておくが、心の知能指数を高めようとするなら、心からの願望と懸命な努力が不可欠だ。それなしに実現することはなく、自然に起こるものではないが、努力すれば必ずやり遂げることができる」。

新たな研修過程の始まり

インディアナ州の例のセミナー受講者の意見、ダニエル・ゴールマンの学説、そして人格形成と習慣の変化に関する私の理解をもとに、リーダーシップ・スキルの向上を支援するわかりやすい研修過程を新たに開発しました。

この研修過程は私が一九八〇年代初期に使っていたシンプルな品質管理理論に基づいています。この三ステップの理論は次のとおりです。
（1）基準を設定する
（2）基準と現状のギャップを特定する
（3）ギャップを解消する
良質な製品を生産したり良質なサービスを提供する効果的な方法を、組織や個人の優れたリーダーシップ開発になぜ活用できないのかという疑問が以前からありました。

概略図

続けて、個人やリーダーシップ・チーム全体に対して実施するリーダーシップ改善のプロセスについて、その概要を説明します。

強調しておきたいのは、皆さんが組織の一員として実施している型どおりのプログラムは必要とせず、どんな個人やグループであってもこれらの方法を適用できるということです。しかし、長期にわたる行動の変化を確実なものとするために私が「三つのF」と呼んでいるものを採り入れる必要があります。

三つのＦとは、基礎（Foundation）、フィードバック（Feedback）、軋轢（Friction）です。

ステップ１　基礎（基準の設定）

人が新しいチーム環境に加えられる場合――学生、労働者、子ども、運動選手など誰であっても――彼らは意識せずとも基本的な二つの疑問を抱いていて、リーダーはできるだけ早くその問いに答えなければなりません。

第一の問いは、「私はどのように行動すれば良いのか？」

第二の問いは、「私がそのように行動しなければどうなるのか？」

リーダーの立場を与えられた者は、この二つの問いに答えることと、その答えが相手を十分納得させるものであることが求められるのです。卓越したリーダーシップのビジョンを持つトップリーダーにとって、そのビジョンを明確にし、人々に伝えることは極めて重要なのです。

リーダーという特権とその素晴らしくも畏れ多い責任を引き受けるとき、そこには優れたリーダーシップとリーダー自身の継続的成長という行動が求められるのだと、組織はリーダーを目指す人に明らかにする必要があります。品質管理の権威であるＷ・エドワーズ・デミングは最高の言葉を残しています。「企業における最初の一歩は、リーダーシップの教育を行うことである」。

リーダーの立場にある人は、サーバント・リーダーシップの原則について効果的な研修を受け、優れたリーダーとはどのような存在か、またリーダーとしてどこに向かうかについて、しっかりとした実務的知識を身につける必要があります。スティーブン・コヴィーが「心の中に到達点を描き続けよ」と教えているとおりです。

その到達点を目指すために、この新たな研修過程を学ぼうとするリーダーは、まず四時間のサーバント・リーダーシップの研修とオリエンテーションのセッションに参加します。参加者はサーバント・リーダーシップの原則を学ぶことで、優れたリーダーシップについて明確に理解しなければなりません。つまり、研修では基準（目標）を確認してハードルを設定することです。もちろん、基準を設ける方法としてはセミナー、書籍、ビデオ、その他の学びの教材を使うこともできます。

ともあれこのセッションは、一か月の研修で何を実践するのかについての説明を含む全体的なオリエンテーションです。

ステップ2　フィードバック（ギャップを特定する）

続くステップ２で参加者に求められることは、サーバント・リーダーシップの高い基準と現在の自分のリーダーシップ・スキルの間にあるギャップを明確に理解することです。簡単に言うと、定められた基準（目標）と現状とのギャップを認識するのです。

数年前、サーバント・リーダーシップの原則に照らして個人のスキルを測定するツールを開発し、その完成度を高めてきました。この測定方法はＬＳＩ（Leadership Skills Inventory　リーダーシップ・スキル指標）と呼ばれ、開始時に匿名の人々による三六〇度評価を行い、六か月後の変化を測るために再度同じ評価を実施します（別表１）。さらにＬＳＩ自己評価を行います（別表２）。

ＬＳＩ自己評価はとてもシンプルな測定方法で、通常は十五分もかからずに回答できます。それは自由記述式の二問と択一式の二十五問で構成されています。このＬＳＩ評価は、従業員、同僚、上司、取引先、先輩、重要な関係者、家族など十人以上の人々に記入してもらい、それを集計します。

参加者には集計表（別表３）を要約したレポートが作成され、理解を助けるために長所と短所（ギャップ）が明確にランクづけされています。

そして通常、参加者自身の自己評価と関係者による三六〇度評価を並べて置き、参加者が自分をどのように見ているのかと周囲の人がその人をどのように見ているのかを照合するのです。

ちなみに、アメリカにおいて三六〇度評価は目新しいものではなく、従業員百人以上の企業の約三分の二程度が採用しています。しかしこのフォーマットが通常のものと異なる点は、サーバント・リーダーシップの原則に関連した質問を具体的に含んでいることです。

多くの組織やリーダーが三六〇度評価の運用において失敗するのは、フィードバックを適用の段階にまで持っていけないことによります。彼らは、そのギャップを埋めるための明確かつ測定可能なプランをリーダーに求めることにおいて失敗しています。また彼らは、明らかな変化と継続的な成長のための絶えざる説明責任を求めることにおいても失敗しています。

ステップ3　軋轢（ギャップを解消し、結果を評価する）

前章で述べたとおり、適切な「軋轢」を生み出すことは変化にとって極めて重要です。痛みなくして成長なし、です。

軋轢、つまり健全な緊張を生み出すためには、経営幹部がこの研修過程に積極的に関わり、成長と行動変革への本気度を人々に確信させることがとても重要になってきます。

変化を観察して測定するため、参加者は二つのＳＭＡＲＴ行動計画（Specific 具体性、

Measurable 測定可能性、Achievable 達成可能性、Relevant 上位目標との整合性、Time Bound 期限）のゴールを三か月（四半期）ごとに見直します（別表４）。これらのゴールはＬＳＩ報告書から得られたフィードバックによって作成されます。

ＳＭＡＲＴ行動計画のゴールには、忍耐力と誠実さにおける成長、敬意を払うこと、適切な感謝の表現、聴く力をつけること、対立に対処するスキル、さらに4章と5章で詳しく述べた人格的スキルなどが含まれます。

読者の中には、職務や技術的な側面よりもむしろ人間関係重視の側面に重点が置かれていることに疑問を抱く方がいるかもしれません。事実、以前は前者に重点を置いていました。しかし何年もやっていくうちに、仕事上の業務に関することや技術的な部分で苦労している管理職たちには滅多に出会わないことに気がついたのです。実際そうした分野での強みが、そもそも彼らがリーダーとしての地位を得た理由だったのでしょう。リーダーシップ論の優れた研究者であるウォレン・ベニスはこう語っています。「私はこれまで、技術的能力の欠如によって道を踏み外したり、進歩が止まったり、解雇されたり、除外されたりする人を見たことがない。しかし多くの人が判断力の悪さや人格的欠陥によって道を踏み外していったのを知っている」。

このようなばかばかしい状況を改善するために、二つの取り組みを通じて人々の変革と成長のプロセスを支援したいのです。

第一は、より優れたリーダーになるための障害になっている行動と悪い習慣を研修過程中の参加者に示してあげることです。第二は、悪い習慣を取り除くだけでなく、健全な習慣に置き換えるよう支援することです。これらの新しくて健全な習慣は、何度も何度も、毎月毎月、古い習慣が根絶して健全な習慣が「標準」になるまで、繰り返し練習しなければなりません。先の章でも書きましたが、この訓練は新しい習慣（スキル）が無意識に行えるようになるまで継続する必要があるのです。

さらなる軋轢

加えて参加者は三か月ごとにＣＩＰ（Continuous Improvement Panel 継続改善委員会）に出席し、ＬＳＩの結果について話し合い、ＳＭＡＲＴ行動計画と目標を発表します。ＣＩＰは私たちの団体のメンバーが進行役を務め、組織の意思決定者、人事担当者、参加者の直属の上司によって構成されます。委員会の目的は、参加者が説明責任を果たすために支援とリソースを提供することです。参加者はＣＥＯや主だったリーダーたちと顔を合わせて自分が変わることを約束します。自らの進歩が測定、評価されていると知れば、継続的な改善と成長に真剣に取り組む必要性が明らかになり、優先順位がより高くなるのです。

さらなる軋轢を与えるために、参加者はＬＳＩの要約さらにＳＭＡＲＴ行動計画及び目標を所属組織の同僚や部下たちに共有することが求められます。「もし10ポンド（約４・５キロ）痩せようと思うなら、隣人にそれを話しなさい。そうすれば隣人は進捗状況を定期的に尋ねてくれる」という古いことわざを聞いたことがあるでしょう。一日、仲間や部下に分かち合えば、摩擦や説明責任の義務は格段に高められます。

また、三か月ごとのＣＩＰ委員会の前には、基準（目標）を強化し続けるためのさらなる訓練セッションの開催を勧めます。セッションのテーマは共同体意識の形成、作業計画と振り返り、建設的な訓練、人格とプロ意識、共感的傾聴と自他双方を尊重した自己主張、サーバント・リーダーシップに関わるその他のテーマです。どのような形式であっても、サーバント・リーダーシップの原則を継続的に確認することが重要なのです。覚えておいてほしいのは、指示されるよりも自ら気づくことが参加者にとって重要だということです。

そしてようやく、参加者に対してグループセッションで学んでいる分野に関する月ごとのグループ課題が与えられます。たとえば、ある月はグループメンバーが集まって自分の人生についてそれぞれ四分間で分かち合います。この訓練の第一の目標は、発表の中でできるだけ自己開示をすること、つまり自分のことをオープンな心で正直かつ率直に話すことです。二番目は、仕事のことや単なる世間話でごまかさず、「深く掘り下げて」自分自身について話してもらうことです。これによってリーダーシップにとって非常に重要な特質である謙虚さと弱さを認めることの二つを実践し、身につけることができるのです。

要約すると、ステップ3においてリーダーシップ・チームは、継続を確かなものとするために健全な緊張感と説明責任の基準を設定することが求められるのです。私たちの経験上、この軋轢の基準が設けられると、隠れる場所は完全になくなってしまいます。各参加者は選択（ここで例の言葉が再登場）を迫られ、変革と成長を遂げるか、居心地が悪くなって組織を離れるか、どちらかを決断しなければならないのです。時おり参加者の中に犠牲者もでますが、それは二パーセント以下です。いずれにせよ、この選択は各個人が自分自身でなすべきものです。

研修過程における付加価値

この手順は何年にもわたって発展と改良が加えられてきましたが、その中で私たちは幾つかの強力な副次的利点も発見してきました。

その一つは、リーダーシップ・チームがお互いに親しくなり、常に「共同体」意識が生まれていくことです。チームのメンバー間にある開かれた心、正直さ、弱さを隠さない姿勢は、共に学んで分かち合われることによって常に強化され、組織全体がさらに高いレベルの共同体になるための堅固な土台を築くことになるのです。

また、評価過程には組織内の一般社員やスタッフも加わります。それは、リーダーシップ・チームが継続的な成長を求め、可能な限り最高のリーダーシップ・チームになれるよう、心を砕いて真剣に取り組んでいる姿を見てもらうためです。そうすることで参加したリーダーたちは、組織の他のメンバーにも最高の自己になるように求める権威を得るのです。

研修過程について別の視点

リーダーが継続的に成長して最高のリーダーになるように粘り強く求めない組織に驚きを禁じえません。人を率いるという栄誉ある責任とそれに伴う大きなリスクを考えれば、組織がリーダーのスキル、さらに人格を高めることに関心を払うのは当然のことだと思います。

アメリカで私たちの団体が社会に「還元」できることの一つは、ラルフ・ラーセンがこの章の初めで述べているように、人々の人格形成への支援です。職場において人格の質が求められ、人々がそれを学んで成長する機会が与えられると、その影響は社会全体に波及します。

私にとっての最高の報いは、本人の変化について彼らを愛する配偶者や家族からコメントやEメールを受け取ることです。人格における真の変化は生活のすべての場ではっきりと認められるものです。

当然のことですが、この研修過程には個々人の関与だけではなく組織のトップの積極的な関与が必要です。事実、組織の経営幹部にもこの研修過程に参加することを求めています。それは彼ら自身も成長し、変わる必要がありますし、その変わった姿を一つのモデルとして人々に見せる必要があるからです。マーガレット・ウィートリーが言うように、「組織で上にいる人ほど個人的な変化が求められている」からです。

そして実際、組織の最高責任者が強い関与を示してくれるなら、私の仕事はよりやりやすくなります。私がこれまで関わってきた主体的かつ積極的に行動するあらゆる組織において、「そうか、私たちはこのことのために全力を尽くしているんだね！」といった共通認識がグループ全体に浸透するのに平均三、四週間がかかります。それが起こると、急激な成長が始まるのです。

ここで二つの疑問「私はどのように行動すれば良いのか？」「私がそのように行動しなければどうなるのか？」を思い出してください。すべての組織はそのメンバーに対して、特にリーダーとして立てられた人々に対して、この二つの疑問に明確に回答する道徳的な義務があると私は確信しています。

完璧でなければならないのか？

私はこの研修を受けている参加者に対して、「あなたはこの会場の中で最悪のリーダーかもしれませんが、今はそれでも大丈夫です」と話します。しかし、継続的成長の坂道を確実に上り始めているという期待を込めて語ります。

私たちが行うリーダーシップ・スキル育成のゴールは、完璧になることではありません。ゴールは、継続的成長なのです。すべての人が全米代表選手、卒業生総代、トップ・セールスパーソンになれるわけではありませんが、その人がなりうる最高の自己にはなれるのです。バスケットボールのコーチとして有名なジョン・ウッデンが「完璧は不可能であるが、完璧を目指す努力は可能だ」と述べているとおりです。

ここで話題にしているような変革のプロセスを通過している人々は、それが時に心躍らせ、時に退屈で、時にストレスに満ち、時に苦痛であることを理解しなければなりません。始まりと停滞があり、おそらく後退も起こるでしょう。個人の変革は「白か黒か」「百か零《ゼロ》か」

の問題ではないことを心に留めておいてください。むしろ変革や継続的な成長については、「良い時もあれば悪い時もある」と考えるようにしてください。互いに励まし合い応援し合うことが大切で、そうすれば失望や諦めに陥ることがありません。深く関わり続け信じ続けることが大切で、それが最終的に実を結ぶに至るのです。

私たちは目的地に「到着」することはないのですが、この人生の旅路を前に向かって歩み続け、その旅の途中で何度も、こう宣言することができるのです。「私は、なりたい自分にはまだなっていない。しかしもう、かつての私ではないんだ！」と。

だから完璧主義は捨てましょう。現代はリーダーにとって困難な時代であり、しばしばすべての人にすべてのことを行うように期待されるのです。人は誰しも失敗を犯します。周囲の人を失望させ、しばらくはうまくやり、後戻りし、もう一度前進し始めます。しかしそれでいいのです。それが人間なのです。

大好きな南北戦争のエピソードがあるのですが、それはアブラハム・リンカーンの補佐官の何人かが、グラント将軍が戦場で酔っぱらっているという噂を聞きつけて苦言を呈したという話です。リンカーンは彼らにグラント将軍の戦場における偉大な功績を思い起こさせ、最後にこう言ったのです。「では、優秀な将軍が何を飲んでいるかを調べ上げ、すべての将軍に同じ酒を一箱送ることにしよう」。

まとめ

これまで接してきた制御不能な指揮統制型の管理職について、彼らはきっと悪い人たちに違いないと思い込んでいた時期がありました。しかし今はそれが稀なケースであることを知っています。朝起きて、今日もだめなリーダーとして一日を過ごそうなどと考える人は、ほとんどいません。ほとんどの親、上司、コーチ、教師、牧師、そして私が出会った人々は、たとえ問題を抱えていても、良きリーダーでありたいと心から願っています。

わかったのは、リーダーとしての葛藤を抱えている人の多くが、優れたリーダーシップとはどのようなものかについて適切な教育を受けたことがないということです。また、心の平安を保つために必要なフィードバックを受け取っていない人もたくさん見てきました。また、適切な軋轢が与えられ、変革と成長のための説明責任を果たしながら、それでも葛藤を抱えているリーダーに出会ったことも、ほとんどないのです。

もしあなたが継続的な成長と優れたリーダーになることに本気で取り組むなら、行動の変化を真実で持続的なものとして確立するために、この章で説明した三つのステップをそれぞれ実践しなければなりません。

形式的な研修は必要ではなく（あれば助けになりますが）、外部からコンサルタントを雇う必要もありません。ただし、次のことを確認する必要があります。

1. **基礎**　サーバント・リーダーシップの原則を常に学び、知識を増し加えていきましょう。本やビデオなど、あなたを支援する教材が数多くあります。知識を蓄えて基準を設定することは、新たな場所を目指す機会を与えられた者にとって必須条件です。

2. **フィードバック**　周囲の大切な人々から意見や評価を受ける方法を見つけてください。改めるべきところを確認し、基準とのギャップがどこにあるかを自分で思い込まないようにしましょう。何十年も同じやり方を繰り返していると、全体像を見失いがちなのです。

3. **軌轢**　あなたに強く迫ってくれる人を探しましょう。ギャップを解消するこのステップは極めて重要であり、継続的な改善を目指す旅において説明責任を求めてくれる良き友人を見つけましょう。

さて、このプロセスが少々退屈で、面倒で、厄介にさえ思える人もいるでしょう。しかし、私を信じてください。これまで多くの方法を試み、関連書を読み漁り、他の様々なアプローチも見学してきましたが、継続的な行動の変化を促す効果的な方法を、これより他に知らないのです。

リーダーとの二十六年間の研修経験から私が知っていることは、一人で行う研修は十分でないということです。三六〇度評価によって基準とのギャップを特定するだけでは十分ではありません。研修に軋轢と説明責任を組み合わせたフォローアップを行い、フィードバックを与えることは、変革と成長をもたらす最善の方法です。

かつてウィンストン・チャーチルは、こう言いました。「民主主義は最悪の政治形態である。ただし、これまで試されてきたすべての形態を除くなら」。それはまさしく私がこの研修過程について感じていることなのです。

第9章　リーダーシップと動機づけ

他者に最善の努力をしてもらおうと思うなら、その人の足もとに火をつけて急き立てるのではなく、内側に火をともして自らやる気にさせることである。

ボブ・ネルソン

動機づけ（モチベーション）がリーダーシップの重要な要素であることには多くの人が同意してくれると思います。そこで最後の章では、この誤解されやすい事柄について取り上げます。章の後半では、サーバント・リーダーの道具箱として私が「必需品」と呼んでいるものを説明します。

人間のあらゆる行動がそれまでの行動の結果によって左右されることは、一般常識としても、また二百年以上の調査・研究によっても明らかです。好ましい結果をもたらした行動は繰り返される傾向がありますし、罰せられたり無視されたりすれば、その行動をやめる方向に向かいます。このような観察結果から、報酬と罰則が「動機づけ」のすべてだと推測されがちです。しかし、これほど真実からかけ離れていることもないのです。

尻を叩く

リーダーが人々を行動に駆り立てる方法について聴衆に尋ねると、決まって「昔ながらの『尻を叩く』で！」という答えが返ってきます。

聴衆の中の「良識ある人たち」は、この粗野な反応にあきれた表情を浮かべながらも、自分たちの古いやり方を主張するでしょう。彼らは優越感を漂わせながら、こう言うのです。「人をやる気にさせるために尻を叩く必要はありません。今は新しい時代です。やるべきことは公平な成果報酬制度の実施です。それこそが本当の動機づけというものです」。こうして、最も機能する「動機づけ」についての議論が始まります。アメとムチの議論は大変盛り上がります。

このような予想どおりの反応になるのは、両者が同じコインの裏表について話をしていることに全く気づいていないからです。「尻を叩く」という行為は、肯定的には報酬というかたちを取り、否定的には罰則というかたちを取りますが、こうした行動操作はほとんど動機づけとはならないのです。

このことを証明するのに、あなたがあまりよく考えず、伴侶が不格好な白いフレンチ・プードルを飼うのを許してしまったとします。ある日そのプードルがあなたのお気に入りの椅子に寝転がっているのを見て、新聞紙を丸めてピシャリと叩いたとします。怒ったプードルはあなたに向かって吠えますが、素早く椅子を降ります。

ここで質問です。あなたは、椅子から降りることをプードルに動機づけできたでしょうか？「もちろんです！」と何人かが自信満々に言う声が聞こえてきますね。

しかし実際は、このシナリオで動機づけられたのはあなたなのです。あなたはプードルを椅子から降ろしたい。プードルは椅子の上で寝たいので、あなたが家を出るとすぐに椅子に上がります。あなたの否定的な「尻叩き」は、プードルを椅子から降ろして二度と椅子に上がらなくさせることができたでしょうか？

しばらくの時が経ち、あなたの伴侶が、「私の大切なプードルが椅子に上がる度に叩くのを止められないなら、あなたと別れる」と脅してきました。そこであなたは、賢明なアプローチを選択し、肯定的な「尻叩き」を用います。椅子に寝ているプードルを目にしたら、カリカリのベーコンをちらつかせます。するとプードルはベーコンが欲しいので喜んで椅子から飛び降ります。

ここで質問です。あなたはプードルが椅子から降りるように動機づけできたのでしょうか？　答えは前と同じです。

あなたがその部屋の中で唯一、プードルを椅子から降ろすよう動機づけされたのです。プードルはその椅子の上が気に入っているので、あなたがいない時にはすぐに椅子を占領するでしょう。

真の動機づけ

真の動機づけとは「相手の心の内に火を点すこと」、そのことが理解できると知的な議論が始まります。真の動機づけは、行動のための影響と啓発を与え、人々の内なる発電機を作動させることです。動機づけとは心の願いを行動に移させることです。人々は最善を尽くし、チームに貢献したいと願っているのです。

覚えておいてほしいのは、誰も他者を変えることはできないということです。私たちができる最善は、人々の将来に関する選択に影響を与えることだけです。報酬と罰則は人々の心と思いに短期的な効果しか及ぼすことができません。ピーター・ドラッカーはこのように語っています。「経済的インセンティブは、報酬ではなく権利になりつつある。能力による昇給は、並外れた業績に対する報酬として実施されているが、それが権利になるのに時間はかからない。昇給の要求を拒否したり、わずかな昇給しか認めないことは、処罰の対象になる。物質的報酬の要求の高まりは、報酬のインセンティブや経営ツールとしての有用性を急速に失わせつつある」。

満足要因と動機づけ要因

何十年も前ですが、フレデリック・ハーズバーグの率いる行動科学者たちが、仕事における行動の動機づけについて調査しました。

行動科学者たちは、その結果を「満足要因」と「動機づけ要因」の二つのカテゴリーに分類しました。およそ半世紀後、私たちはその研究成果を信じるどころか、理解するにも苦労しています。

満足要因は衛生要因とも呼ばれ、仕事における最低限の労力に対して雇用主から受け取るべきものです。これら満足要因には給与、福利厚生、労働環境、その他基本的な安全や衛生要因が含まれます。ハーズバーグの研究チームは、一旦満足すると、満足要因を高めるだけでは人々を動機づけすることがほとんどできない、と結論づけました。たとえば、組織の福利厚生に満足している従業員に、今度は彼らが飼っているペットの医療も福利厚生に加えれば、より一層業務に励むでしょうか？　反対に、もしこれら衛生要因の一つにでも「満足できない」なら、人々は最低限の労力すら払わないかもしれません。

一方で動機づけ要因とは、人々が仕事をするうえでより多くのエネルギー、努力、熱意を発揮するように刺激するものです。

動機づけ要因には、承認、称賛、感謝、成長の機会、挑戦、意味のある仕事、そして仕事における満足などが含まれます。ハーズバーグは、動機づけ要因の増加が人々のさらなる労働意欲を刺激することを発見しました。

さらなる証拠

管理職が従業員にとって最重要だと認識していることと、従業員にとって実際に最重要なことは真逆であると示した六十年前の研究をご存じだと思います。過去二十五年間、少なくとも他の三つの研究が同じテーマで行われ、いずれも類似した研究結果を示しました。

従業員は仕事に何を望むだろうかと尋ねられた場合、ほとんどの管理職は「お金」、続いて「昇進または成長の機会」、そして「雇用の安定」と答えます。お金はいつも管理職のリストのトップに挙げられます。

一方、従業員に仕事に何を求めるかと尋ねたところ、お金は五位より上に来ることはなく七位止まりであることを、これらの調査は一貫して示しているのです。そして給与よりも上位にくるのは、「仕事に対する十分な評価」、「仕事に〝没頭〟する感覚」、「個人的問題にも心を寄せてくれる上司」、「雇用の安定」などです。

一九九六年に全米大学・雇用主協会（The National Association of Colleges and Employers）は、学生が就職する際に何が最も重要なのかについて調査をしました。結果を重要度順に並べると次のようになります。

・仕事を楽しめること
・スキルと能力を活かせること
・自己啓発をして成長できること
・重要な仕事をしていると実感できること
・充実した福利厚生を受けられること
・業績をあげれば正しく評価されること
・気に入った勤務地で働けること
・高収入を得られること

・チームを重視した環境で働けること

私たちは何十年もこれと同じことを繰り返し聞いてきましたが、それに耳を傾けることもなく、また信じようともせず、人々のより高いレベルのニーズや動機に応える努力を怠ってきたようです。

これらの実証的な研究結果では不十分だとばかりに、ウィチタ州立大学で経営学を教えるジェラルド・グレアム教授がより包括的な研究を行いました。それによると、最も強力な動機づけは上司からの個人的な即時の評価だったのです。この研究では、従業員にやる気を起こさせる最も効果的な方法として、①上司からの個人的な感謝の言葉、②上司からの感謝のカードやメール、③業績による昇進、④公の場での称賛、⑤士気を高めるミーティング――が挙げられています。多くの人はこれらの結果を常識としてよく知られていることだと言うでしょう。

たしかに常識的なことかもしれませんが、果たして実践されているでしょうか？

グレアムはこれらの調査結果を従業員研究と照らし合わせました。すると、五八パーセントが仕事をやり遂げても上司から感謝されることはほとんどなかった、七六パーセントが感謝のカードやメールを上司からもらったことがほとんどない、七八パーセントが業績に見合った昇進をした経験がほとんどない、八一パーセントが職場で公に褒められたことがほとんどない、九二パーセントが士気を高めるミーティングが開かれたことがほとんどない、という結果が出たのです。

これを受けて、グレアムはこう結論づけました。「最大の動機づけの手段がほとんど用いられていないことがはっきりした。それは簡単で、お金もかからないのに」。すべての実証的データが、より高いレベルの人間の欲求の重要性を裏づけているにも関わらず、ほとんどの管理職は信じようとしないか、もっと正確に言うなら、証拠に基づいて行動することを拒絶しています。

満足要因を高めるのと、動機づけ要因を高めるのとでは、どちらが個人的なエネルギーを使うでしょうか？　ボーナスを与えたり叱責をすることは、具体的で前向きな称賛を与えたり、士気を高めるミーティングを準備するよりも、はるかに簡単です。つまり、動機づけにおいて必要とされるのは、人々の深いレベルのニーズを満たすためにリーダーが力を尽くして犠牲を払い、奉仕することなのです。労働者の古い常套句があります。「私の給料は私の権利、あなたの称賛はあなたからの贈り物」。

何年もの間、メアリー・ケイ（訳注：世界的な化粧品会社）のような企業が定期的に行っていた、従業員の功績を称えて士気を高めるどんちゃん騒ぎの集会のことを、多くの人が嘲笑したりからかったりしてきました。二〇〇四年、そのようなどんちゃん騒ぎの集会が世界で最も成功した企業、ウォルマートにおいて今も実施されています。

もはや誰も笑わなくなったのです。

そんなことはない――まずはお金だよ！

それでも、疑り深い人はまだ多いのです。

聴衆はしばしばこうした話を我慢して聞いてくれますが、勇気ある人が私のもとに来て、こう言うのです。「ちょっとジムさん、称賛と評価ってのは実に素晴らしいと思うんだけど、それってきれい事じゃないですか？　結局のところ、本当に大事なのはお金でしょう。ジムさん、騙されちゃいけませんよ」。

誤解しないでください。お金は重要です。給与を一週間支払わなければすぐにお金の大切さがわかります。従業員への報酬は、社内的にも社会的にも公正でなければならないのです。その町で最高額の給与を支払う必要はありませんが、最低額の給与を支払うのも良くありません。しかし、ひとたび従業員が報酬を「公正」であると受け入れ、彼らのニーズが「満たされる」と、動機づけとしての価値は大きく下がります。ベストセラー『The

Wisdom of Teams』の共著者ジョン・カツェンバックは、このように語ります。「お金は魅力的で人を惹きつけるが、それが優秀であろうとする動機の核になることは滅多にない」。

前述のように、私はデトロイトで労務コンサルタントとして長く働いた経験があります。百を超える労組代表運動に参加しましたが、私の仕事は、投票権を持つ労働者に組合活動は得策ではないと説得することでした。時にはそれが明らかに得策であったとしてもです！　もし私が労働者の立場だったら、組合の主張に賛成しただろうと思うときがありました。激しい敵対的な争議も経験しました。

一般社員に対して何が問題なのかを尋ねたら、どんな答えが返ってくると思いますか？お察しのとおり、お金です。ＣＥＯもお金の問題だと言い、管理職もお金の問題だと言い、そしてフォークリフトを運転するチャッキーもお金の問題だと言うでしょう。しかし、本当にそうでしょうか？　それは決してお金の問題ではないのです。

それを理解するのに数年を要しましたが、労働問題は常に人間関係の失敗に起因するものだったのです。人々がお金だと指摘するのは、それが単に具体的でわかりやすいものだからです。

信頼、感謝、敬意、親切、思いやりといったものをタフガイたちは話したがりません。しかしそれらは常に根底にある問題だったのです。「我々はもはやあなたを信頼しない。

あなたは我々のことを一番に考えていない。我々の仕事に対して感謝がない。あなたは労働組合の連中と話すべきだ。彼らが我々の代わりに話をしてくれる！」

　かつて、かなり荒々しくて粗暴なトラック運転手組合の職員と対峙したことがあります。お金こそが長期的な動機づけであると主張し、私の考えに異議を唱えました。落ち着かせるために次のような質問をしました。「現在どのくらい努力して仕事をしていますか？」。彼は自信満々にこう宣言しました。「一一〇パーセントだ！」一〇〇パーセントを超えて頑張ることは不可能だという事実は無視して、再び尋ねました。「もし今日、あなたの給料が二倍になったら、どれぐらい頑張りますか？」すると再び「一一〇パーセントだ！」と叫んだ後、「どうして同じになるんだ？」と言いました。

　二人の人が一つの目的のために一緒になった組織、結婚について考えてみましょう。アメリカでは、この組織の約五〇パーセントが破綻します。あなたはそれが失敗に終わる第一の理由をご存じでしょうか？　お金です。経済的困難がアメリカにおける離婚の一番の理由なのです。信じられますか？　もしそうなら、社会的・経済的に低い立場にいる人々の離婚率がより高くなるはずです。そして貧しい人々が幸せな結婚生活を送ることはできないはずです。もちろん、これがどれほど馬鹿げた考えなのか、誰もが知っています。結婚の失敗は、人間関係の失敗の結果です。しかし、お金だと言うほうが簡単で、痛みを小さくできるのです。

ボランティアの動機づけとは？

まだお金が主たる動機づけになると信じている人は、次の質問に答えてください。

ボランティア団体はどのようにして協力者を集めるのでしょうか？　ボランティアは無報酬であるにも関わらず、どのようにして時間と能力を捧げてもらうのでしょうか？

以前に通っていた教会に、私がこれまで出会った中で最もやる気に満ちた中年の男性がいました。教会のそばを車で通るたびに、彼がペンキの刷毛を持って教会堂の屋根に取り付いていたり、広大な敷地の芝刈りをしていたり、電球の交換や造園作業をしているのを見かけました。その男性はいつも懸命に教会の活動を手伝っていたのです。

しばらくして、たまたま彼の職場の上司と話す機会があり、別の側面が見えました。私が彼の教会での働きぶり、その熱心さについて話したとき、上司はショックを受けたのです。そしてこう言いました。「信じられない。彼が職場で今以上に怠けるのは、死んだときだけだよ」。

もしお金が一生懸命に働く動機づけであるなら、私の住むデトロイトの自動車産業の従業員たちは全米で最もよく働く人々だということになりますが、正しいでしょうか？　詳しくは言いませんが、そうではないと断言できます。

では、先ほどの男性が職場ではなく教会で熱心に奉仕をしていたのは、どういう理由によるのでしょうか？

第一に、教会には優れたリーダーシップが存在し、それが彼に非常に良い影響を与えていました。教会のリーダーシップは「権力」ではなく「権威」（影響力）によるものでした。教会は、長年にわたって彼の真のニーズを把握し、それに応えることで彼に仕えてきました。

第二に、彼は教会の使命と目的に心を合わせ、何か特別で重要なことに関わっていると信じていました。この目的と意義は彼の高いレベルのニーズを満たし、行動への動機づけとなりました。

第三に、教会のリーダーは彼の教会への貢献を皆の前で認め、評価することを忘れることがありませんでした。牧師は礼拝の説教の中で、「ところで皆さん、会堂の長椅子にワックスがけがしてあるのに気づきましたか？」と語ったり、彼の貢献に感謝する方法を知っていました。教会の年次総会においても彼の様々な奉仕に対してメダルや盾を贈って謝意を表してきました。要するに、彼は自分には価値があり、尊敬され、その努力に対して感謝されていると感じてきたのです。皆が彼を大切に思ってきたのです。そして彼も、自分が必要とされていると感じてきたのです。

第四に、彼は卓越性を追求するチームの一員であり、それが彼の意欲を高めてきたのです。リーダーシップ・チームは、教会の人々がよりよく仕え、組織の使命を果たせるように、訓練と育成に力を入れてきました。この教会では、日曜学校の運営方法、ホームレスの人たちのための家づくり、牧師の説教準備の補助にいたるまで、あらゆることにおいて卓越していたのです。

第五に、彼は嘲笑や非難を恐れることなく喜びや夢、悲しみや課題を分かち合える、特別な共同体の一員であると感じていました。彼はチームの仲間を心から愛し、その交流を純粋に楽しむことで、成長を遂げていったのです。要するに、そこで「安心」を感じていたのです。

その他の要因

これまで出会ってきた最も成功しているすべての組織は、人間が誰しも持っている深いニーズを理解し、それを満たすために熱心に取り組んでいます。

これらの深いニーズには次のようなものがあると考えます。

・優れたリーダーシップへのニーズ
・意味と目的に対するニーズ
・感謝され、認められ、尊敬されるというニーズ
・卓越した（特別な）何かの一員であるというニーズ
・互いに助け合う共同体に属するというニーズ

優れたリーダーを育成する

リーダーシップに関する二冊の本を執筆した経験から、人間のニーズを満たして成功する組織を運営するためには、卓越したリーダーシップが必須であると言って過言ではありません。

この本の主なテーマの一つは、リーダーシップは学習し、実践し、開発できるスキルであるということです。残念なことに、アメリカの多くの組織はリーダーシップがスキルであることに同意しつつも、それをスキルとして扱っていないのです。つまりこういうことです。

仮にあなたがビジネスを始めたとしましょう。約九百平方メートルの倉庫の真ん中に大

きくて非常に高価で複雑な機械を据え付け、それを主な資産としています。

このハイテク機器は製品の質と量を管理しているので、あなたの会社にとって不可欠な存在です。設備は完全に自動化されていて、製品の箱詰め、ラベル貼り、発送までこなします。この優れたテクノロジーの欠点は、それが停止すると、ビジネス自体が停止してしまうことです。明らかにそれは、あなたの「最大の資産」なのです。

そして今、この最大の資産を最適な水準で稼働させるためのメンテナンス要員として誰を雇用するのかを決めなければなりません。この新人には重要な予防保全を行ってもらいます。あなたの会社を機能不全に陥らせ、すでに法外に高い事業中断保険料をさらに跳ね上がらせる恐れのある故障を防ぐためです。誰を雇いますか？

ただ求人を出して、応募者の中の最年長の人を採用しますか？　最高のフォークリフト運転手はどうでしょう？　決められたことしかしない義理の兄を雇って設備の管理を任せますか？　彼を日帰りセミナーに参加させるのはどうでしょう？

もちろん、ありえません。

できる限り優秀な技術者を探し出して雇用するでしょう。そして、その人の技術が向上して最新のテクノロジーについていけるように、あなたは常に彼／彼女を励まし続けます。その人の技術が常に最新のものであるために、最高レベルの研修を受けさせることも厭いません。あなたの「最大の資産」を運用できる最高の人を得られるなら、費用を惜しんではなりません。

もしあなたが組織の意思決定ができる高い地位にいて、リーダーシップとは人々のニーズを見極めそれに応えることだという考えに同意するなら、あなたの最大の資産である部下たちの最大のニーズは何だと思われますか？　彼らに必要なのはこの最大の資産である自分たちを活かしてくれる最高のリーダーシップなのです。優れた組織はこの原則をよく理解しています。覚えておいてほしいのは、「弱い兵士はいない、弱いリーダーがいるだけである」ということです。

リーダー育成のもう一つの要点について述べます。二十五年以上前のことですが、大学の授業「人事管理理論入門」で、職場における良好な人間関係の鍵を握っているのは現場の上司であるということを学びました。何度もそれを聞かされましたが、実際には信じられませんでした。当時の私は、それは人事担当者か統括部長、あるいはＣＥＯだろうと考えていました。そして今、私が悟ったことは何だと思いますか？

従業員との良好な関係を確保するうえで最も重要なのは現場の上司だということ。以上です。

人事担当者は社交的な男性で、統括部長は信念を持った素晴らしい女性がいいでしょう。

そしてＣＥＯは人を惹きつけるスピーチができる格好いい人が適任ですね。しかし、実際の職場で人々が接するのは、直属の上司なのです。もし彼らの上司がひどい人物だとしたら、彼らの仕事もひどいものになっていきます。さて、この話の最後になります。従業員たちは、生活の半分の時間をその現実とともに過ごさなければならないのです。

もしその現実に、従業員がベストを尽くすために必要なものが揃っていないとしたら、危ない状況です。覚えておいてほしいのは、従業員の三分の二は会社を辞めるのではなく――上司から去っていくということです。

意味と目的を生み出す

人間は、人生における意味と目的を強く求めていて、そのニーズを満たしてくれる組織には自ら犠牲を払うものです。

人々は、自分のやっていることが重要であり、目的があり、世の中に貢献するものだと信じたいのです。人々は、その組織が重要な原則に則って行動しており、何かとても大切な事柄のために存在していることを知りたいのです。人々は、普通ではない何か、彼らを最高の自己へと導いてくれるものを切望しています。人々は、自分自身の価値観と組織の価値観が一致する方法を探し求めています。人々は、自分の人生を有意義で充実したものにしたいと心から願っているのです。

リーダーの主たる目的の一つは、その組織が何のために存在し、何に価値を置き、何を達成しようとしているのか、そして誰に奉仕しているのかを人々に思い起こさせる、ある種の「伝道師」になることです。伝道師は人々に「その家のルール」、つまりそのチームがどのような行動や振る舞いを指針としているかを思い起こさせるのです。またあるリーダーは、人々に自分の何が特別なのか、彼らのしている仕事の何が特別なのかを伝えます。

シカゴ郊外に本社を置くサーヴィス・マスター社は、高い成功を収めたフォーチュン500にも入る企業ですが、七万五千人以上の社員に目的と意味を与えている素晴らしい一例です。社員の多くはトイレ掃除からゴキブリの駆除まで、人々が最もやりたがらないごく平凡な業務に従事しています。しかしサーヴィス・マスター社の従業員の多くは、自分たちの会社の重要性と、同社がいかに人々の生活の維持と向上に貢献しているかを、たやすく語ることができます。

もし、あなたの組織が行っていることに意味や目的を見出すことが難しいなら、それを見つける努力をしてください。その組織は社会のニーズに応えていくでしょうし、もしそうでなければ存続は不可能です。あなたの目的は、他の誰よりもそのニーズに応えることだと言えるでしょう。少なくともあなたの組織は、従業員、その配偶者と子どもたち、顧客、取引先の人々に「生活の糧」を提供しているのですから、組織が失敗すれば多くのことが危うくなります。ですから、心を奮い立たせましょう！　うまくいくまで、そのふりでも良いので、情熱的に振る舞いましょう。おそらくアリストテレスだったら、こう言うでしょう。「情熱的に行動すれば、情熱は育つ」。あなたが情熱を持って行動すれば、人々はそれを受け止めてくれます。

まとめると、あなたの組織がどのように人々のニーズに応え、世界に貢献するのかと説得力をもってはっきり表現することが絶対に必要なのです。誰もが理解し信じることができる原理原則の上に組織を建て上げることは、短期的に株主価値を高めることを超えて極めて重要です。もちろん、このようなことを聞きたくないと思っている人々がいることは知っていますが、今は真実に向き合うときです。「株主価値を高める」という使命では、多くの人の心を奮い立たせることはできないのです。

ジム・コリンズとジェリー・ポーラスは『ビジョナリー・カンパニー　時代を超える生存の原則』（原題：Built to Last: Successful Habits of Visionary Companies）の中で、真に優れた企業についてこのように語っています。「たしかに彼らは利益を求めているが、同時に、核となる理念に導かれているのだ。そこには、単なるお金儲けを超えた基本的価値観と目的意識がある」。

人々を敬う

リーダーとしての素晴らしい責任、人生の大半を職場で過ごす従業員のために健全な労働環境を提供することについて考えてみましょう。

優良企業の社員たちから何度も聞かされてきたのは、一日の中で最も良い時間は職場にいるときであって、それは彼らが唯一敬意と尊厳をもって扱われる場所だから、というものでした。

考えてみてください！　日々の業務を終えて家路につく人々の中には、家で不快な状況が待っている人がいるかもしれないのです。日常生活の憂鬱から解放された、敬意と思いやりと安心のある場所を提供できるとは、リーダーとしての特権ではないでしょうか。従業員にとっては、職場だけが尊敬され、丁寧に扱われ、正しく評価され、帰属意識を持つことができる唯一の場所なのかもしれません。

売上が上がったときには、心からの具体的な称賛を与え、功績を評価し、その優秀さに報いることで敬意を表しましょう。人々があなたや組織のために何ができるかだけではなく、その人の存在自体に心からの関心を寄せることで敬意を表しましょう。彼らの行動のすべてに卓越性を求め続けることによって敬意を表しましょう。彼らが人格を形成して最高の自己になるのを手助けすることによって敬意を表しましょう。

私が学んだことの一つは、従業員が潜在的に持っている疑問について、リーダーが直接でなくても、その行動によって定期的に答える必要があるということです。その疑問とは「私はここにいて大丈夫ですか?」という単純なものです。

覚えておいてほしいのは、家（house）を家庭（home）にするために必要なものは、ほんの些細なことなのです。「お願いします」、「ありがとう」、「ごめんなさい」、そして「あなたはどう思いますか?」といった普通の礼儀作法です。廊下で誰かに会ったら自分から話しかけ、前向きで励ましになる言葉をかけてください。これらのことがあなたの習慣になるまで繰り返し練習してください。優れたリーダーになろうとする必要がなくなるまで、すなわち優れたリーダーになるまで実践してください。

人間が抱えている最も深いニーズの一つは、「話を聴いてもらいたい」ことです。真実な心で聴いてもらう。相手が自由に答えてもいい質問、単なるイエスかノーでは終わらない質問をするスキルを身につけてください。ティーンエイジの子どもに「どこに行ってきたの?」と聞くと、「どこにも」と答え、続けて「何をしてたの?」と尋ねると、うるさそうに「何も」と返ってきます。このような聞き方では多くを学べません。

自由な回答ができる質問とは、なぜ、何を、どんな点で、どのように、あなたはどう思う、それについて教えて、などです。たとえばこんな質問です。

・ここで働いて良かったと思うことは何ですか？
・ここで働いて不満に思うことは何ですか？
・仕事上であなたの能力を最大限に発揮するのを妨げているものはありますか？
・ここでのあなたの仕事に対するフィードバックを、どのように受け止めますか？
・あなたの家族について教えてください。
・ここでまだ満たされていないあなたのニーズは何でしょうか？
・あなたの仕事について何か一つ変えられるとしたら、何を変えたいですか？
・この一年で最も誇らしく思う仕事は何でしょうか？　それはなぜですか？
・あなたの仕事のパフォーマンスにおいて改善すべき点はどこだと思いますか？
・あなたの仕事について最も不満に思うことは何ですか？
・向こう一年間の目標は何ですか？　その達成度合いはどのように測りますか？
・あなたの部署の改善に役立つアイデアはありますか？
・この組織がさらに発展するために、何かアイデアはありますか？

・質の高い仕事をしようとするあなたの同僚の熱心な取り組みをどのように評価しますか？
・あなたの仕事の満足度をどのように評価しますか？
・リーダーである私の仕事ぶりを、あなたはどのように評価しますか？
・私はリーダーとして具体的にどう改善できるでしょうか？
・あなたがここのリーダーだとしたら何を変えますか？
・私はあなたに対してどのようなサポートができますか？
・この組織はあなたに対してどのようなサポートができますか？
・私に何か聞きたいことはありますか？
・お互いどれぐらいの頻度で「チェックイン」（訳注：会議などで場を和らげるために行うショートトーク）すべきでしょうか？
・この職場に来る前のあなたの人生とキャリアについて話してください。

卓越性の追求

私の確信は、ほとんどの人は何か特別な事柄に関わりたいと願っているということです。入るための基準が高く、日々の業務への期待値も高く、良い目的のために懸命に働いて夜帰宅するときには心地よさを感じられるような、そんな誇りを持てる組織の一員でありたいと願っています。

毎日出勤できることと凡庸な仕事ができることの二つだけが採用条件である組織で働くことの、どこに感動があるのでしょうか? 従業員が凡庸な仕事しかせず、「そこそこ」の仕事で十分だとされる組織で働くことに、どんな喜びがあるのでしょうか?

人々が離れていくことを恐れて、管理職たちが社員に卓越性を求めない姿を見てきました。少なくともそれが言い訳になっています。凡庸さがスーパースターを遠ざけるのと同様に、卓越性は平凡な人々を遠ざけます。

リーダーが高い基準と卓越性を維持しなければならない理由は、卓越性が健全な誇りと自信を持たせるからです。人々が目標を達成して結果を出し始めると、自信のレベルが上がり、自分自身と組織に対してより大きな目標を立てるようになります。この卓越性は周囲にも伝染し、最善のものを生み出すための必須要素となります。港に潮が満ちると、ボートはそれに合わせて上昇するか沈むかのいずれかです。

一九四三年、ジェームス・ウリオ少将は新任少尉のクラスにおいて次のように語りました。「士気というのは、それぞれの兵士が自分の軍隊が世界で一番だと信じ、自分の連隊が軍の中で一番であり、自分の中隊が連隊の中で一番であり、自分の分隊が中隊の中で一番で、そして自分自身が全部隊で最高の兵士だと考えるときに生まれる」。

優れたリーダーは決して現状に満足しません。なぜなら常に向上しようと努力しているからです。優れたリーダーは高慢ではないので、自分たちの組織の外にも目を向けることができ、より優れた卓越性を得るために他者のやり方を取り入れることもできます。彼らは最高であることに全力を傾け、周囲の人々にも最高であるようにと励ますのです。すべての人がウォルマートのような売上やマイクロソフトのような利益を上げることはできませんが、どの人もどの組織もそれぞれが持つポテンシャルを最大限に高めることはできるのです。

これまでに卓越した本物のチームの一員だったことはありますか？　たとえば優勝したスポーツチーム、学術団体、企業、軍隊、宗教団体などです。成功したときの誇らしい気持ちや達成感、そこで得た自信について考えてみてください。チームのために自発的に働いたことがどれほどやる気を起こさせたかを考えてみてください。優勝したチームにお子さんがいたことはありますか？　子どもたちが練習や試合に行くためにやる気を起こさせる必要はありましたか？　卓越性は、それ自体が動機となり、そこに加わる人の心に火をつけるのです。

卓越性の追求は伝染し、リーダーが卓越性を強く求めていることを部署内の人々が十分に理解すれば、個人としても組織としてもそこまで達成できるとは夢にも思わなかったレベルにまで成長し始めるのです。

そしてある日、自分たちが築き上げたものを見回して、こう叫ぶのです。「一体、何が起こったんだ！」

共同体の形成

つい先日のことですが、ヒューストンからボストンへと向かう機内で五十代半ばとおぼしき退役後の元海兵隊大尉と出会う幸運に恵まれました。

以前から海兵隊に関心を持っていました。海兵隊は質が高く、規律正しく、全力を尽くす献身的な人材を育成する素晴らしい組織だと聞いていたからです。私は自分のリーダーシップ論が本物かどうかを見極めてくれる最適な人と出会ったと思い、質問してみました。「元海兵隊員として教えていただけますでしょうか。海兵隊はなぜこれほどまでに自分の最善を尽くすことに努力を惜しまない人を集めることができるのですか？」

なんと、叱られてしまいました。

彼の答えは次のようなものでした。

「そもそもジムさん、私は元海兵隊員ではありません。元海兵隊員、前海兵隊員などは存在しません。予備役隊員、退職隊員、在郷隊員ということはあるかもしれませんが、一度海兵隊員になれば生涯ずっと海兵隊員なのです。海兵隊への誓約は失われることはないのです。

最高であること、努力を惜しまないことの説明は簡単にできます。海兵隊は、ちょっとやそっとでは会員になることができない会員制高級クラブのようなもので、その一員になること自体が誇りなのです。そして、海兵隊に入るのではなく、海兵隊員になるのです。海兵隊ではとても高い基準が保たれているので、途中で多くの者が辞めていきます。海兵隊員になるのは楽なことではないのです。

ですから、海兵隊員になれたら、そのこと自体が誇りになります。海兵隊員であることは義務、名誉、献身を重んじることを意味し、各隊員に意味と目的を与えているのです。

そして一旦これらのことを遵守すると決意したら、従わないことよりもむしろ死を選びます。

最後に、最大の動機づけ要因についてお話ししましょう。それは、海兵隊員が互いに対して抱いている愛と敬意です。海兵隊員が決してやりたくないことは、隊員や仲間を失望させることです。ジムさん、本当のところ、国家のためでも上官のためでもありません。自分が心から尊敬する隊員や仲間のためなのです」。

共同体の形成とは、人々が不必要な障壁や気を散らすものから解放されて生活し働くことができる、健全な環境を作り出すことです。多くの優れた組織は、社会的、政治的、民族的、地位的、人種的などの違いを超えた環境を作り出す力を持っています。優れた組織は多様な人々が共通の基盤を見出し、共通の利益になると定めた目標に向かって共に働くことができる場所を作ることに奮闘しています。優れた組織は、人々や組織から活力を奪う権力闘争、権力の濫用、心理戦、秘密の意図といった不必要な障壁を減らしたり排除したりすることに尽力しています。

共同体にも意見の対立はあります。二人以上の人々が何かの目的のために集まると、不一致や対立が生じます。健全な共同体においては、むしろそうあるべきです。共同体は、対立を避けるところではなくて対立を解決するところであり、メンバーが互いの違いを認め、敬意を持ってぶつかりあうことを学ぶ場です。メンバーは敬意を持って振る舞うこと、耳を傾けること、互いに主張しあうこと、新たなチャレンジに心を開くこと、そして健全なチームに表わされる多様性の価値などを学びます。

共同体の形成とは、人々が自分らしくしていても「安全」だと感じ、自分自身と組織を素晴らしくするためにすべてのエネルギーと資源を注ぎ込むことができる場を生み出すことです。もしメンバーが不要な障壁のほとんどを取り除くことができれば、グループがどれほど創造的でアイデアで満ち溢れるかを考えてみてください。共同体のワーク・グループが、あらゆる問題を解決していく驚くべき集団になることを想像してみてください。

共同体は、偶然に形成されることはほとんどありませんが、危機への対応においてその兆しが見られるかもしれません。危機が過ぎ去ると古い障壁は元どおりになり、人々は以前の方法に戻っていきます。本物の共同体は、健全な人間関係を築く適切な原則の実践によって形成されます。黄金律のような原則、自他双方を尊重した自己主張、信頼の構築などについては、以前の章で説明しました。

デューク大学の男子バスケットボール部の監督を二十四年間務めたマイク・シャシェフスキーは六〇一勝一七六敗という驚くべき記録を残し、全米大学ベスト・バスケットコーチに二十年間にわたって選ばれています。

成功の理由を尋ねられたとき、妻と三人の娘から影響を受けたと語りました。「私の妻と娘たちは自分の感情をまったく隠さないんですね。嬉しいことも悲しいこともすべて表現してくれます。彼女たちは、そんな環境を何年も私に与えてくれたのです。そこで、自分がコーチをしている選手たちにも同じことをやってみようと思いました。選手たちに言ったのは、それは男性が女性の真似をすることではなく、ハグしたり、泣いたり、笑ったり、分かち合うことは、真に人間らしいことなんだということです。もしあなたが、それが許されるような組織文化を生み出せるなら、あなたは一気に人としての深みを増しますよ」。

共同体意識の形成は、デール・カーネギー・コース、アルコホーリクス・アノニマス、ウェイト・ウオッチャーズのような驚くべき結果を達成するグループを生み出す原動力となります。人々は互いの違いを脇に置き、重要な課題について話し合うことができるのです。

グループが障壁を取り除いて健全な人間関係とチームの成長能力（team viability）に力を注ぐようになれば、そのグループは驚くべき成長を遂げ、真の結果を達成するチームになることでしょう。

若者世代と、どう付き合うか？

ベビーブーマー（訳注：1946年〜1964年に生まれた世代）からX世代とY世代の従業

員についての不満をよく聞きます。彼らの不満は、〝近頃の若者〟は忠誠心がない、生活のために懸命に働かない、自己中心的である、などなどです。

もちろん、戦中派は私たちベビーブーマーに対して、ソクラテスの父親は息子の世代に対して同じようなことを言いました。私の経験から言えば、この若い人たちは私の世代、あるいはそれ以前の世代と比べて必ずしも劣っているとか悪いというわけではありません。違いますか？　そうです、良くも悪くもないのです。

私が発見したのは、この若い人たちは不誠実さをかぎ分ける鋭い嗅覚を持っていて、その「嗅覚検査」に合格しなければすぐに見切りをつけられるということです。たとえば、企業理念、誠実さ、個人への敬意について自分たちに説教しながら、女子社員が机のそばを通るとブラウスの前を覗いて喜ぶような上司、無知でチェーンスモーカーで命令と統制ばかりの独裁者の下で働くほど、彼らが嫌がることはありません。

これら五千万人のX世代と今後社会に出てくる八千万人のY世代は、実際、私たちとは異なっています。そんな彼らは、壊れた人間関係の中で育った世代であり、自分はそうでないとしても、友人の多くは壊れた家庭の子どもたちなのです。彼らは不誠実でいいかげんな大人や元家族から、安っぽい話や破られる約束、恩着せがましい話を嫌というほど聞かされてきたのです。ですから、あなたの言葉と行動が一致していなければ、そっぽを向かれるのです。アルバート・シュバイツァーはこのように語っています。「人を動かすには模範を示すことが大切だ。というより、それしかない」。

彼らはせっかちで、今すぐに欲しがります！ 成果に重きを置いて年長者や肩書に敬意を払わないため、失礼な態度になることがあります。タトゥーやボディー・ピアスが示しているように、イメージに影響されやすい面もあります。表現力が豊かで、我慢せずに率直に自分の考えを口にします。そして何より、制度や組織に対して懐疑的なのです。それは政界から実業界まで、教会から軍隊に至るまで、恥辱と不名誉がアメリカのあらゆる組織を揺るがした時代に育ったためです。

他方で、自立心と適応力、そして革新性があり、ＩＴ機器を使いこなして効率的に複数の業務をこなし、立ち直りが早く、寛容な心で多様性を重んじます。なかでもとりわけ、本物だと信じる人や組織への傾倒と忠誠心にはとても強いものがあり、時には狂信的とさえ感じることもあります。意味や目的において高いレベルのニーズを満たしてくれる人々や団体、「有言実行」のリーダー、本物のリーダーに対して、彼らはそのように振る舞います。

そう、彼らは週四十時間そこに身を置くことで十分に生きる意味を見出しているのだと思いますが、それについて裁いたり文句を言ったりするのではなく、むしろありのままを受け入れるべきなのです。もし、週四十時間労働が振り子の一方の端にあるとすれば、彼らの両親の週七十時間労働は振り子のもう一方の端にあります。
私たちはお互いから何かを学びあうことができるかもしれません。

おわりに

最後に、私が長年にわたって関わる機会に恵まれた、最も成功した組織から得た最も重要な教訓のいくつかを紹介して、この筆を擱くこととします。

・リードすることは「仕えること」であることを絶対に忘れてはなりません。
・あなたが雇用する人々については、よくよく吟味してください。
・あなたのチームに新しく採用した人の「加入」を祝い、その人に適切な方向づけをしてください。第一印象の力を過小評価してはなりません。
・自分たちが行っている仕事の目的と意味を明確にし、情熱をもって何度も何度も繰り返し語りましょう。
・人々の仕事をよりやる気の出る、面白い、報いのあるものにする方法を見つけてください。
・人々を公平に処遇してください。

・すべての人々に敬意を表してください。
・リーダーを見極め、育成し、惜しみなく投資しましょう。
・特にリーダーには卓越性と責任を負うことを求めましょう。
・各個人の継続的な成長を求めましょう。
・自発的に功績を認め、報酬を与えてください。
・共同体を形成しましょう。
・最善の実施方法を探し出し、それを実行しましょう。
・意思決定をできるだけ現場に近いレベルで行いましょう。
・人々をよく教育し、新しいスキルを身につける手助けをしましょう。
・人々が正しいことをするのを信じましょう。
・正直であってください。そして人々にも正直さを求めましょう。良い知らせにも悪い知らせにも、残酷なまでに正直になりましょう。（人々はそれに耐えられます。以前にも悪い知らせはあったのです）。
・ワークライフ・バランスを尊重しましょう。
・「家（house）」を「家庭（home）」にするために、ささやかなことから始めましょう。

個人的な話

愛する人、愛される人、
愛はどちらも癒やすことができる。

カール・メニンガー

人間性と変革の問題を考えるとき、人が変革し成長しようと決心すると、そこには「意志の力」や「悪習の打破」だけではない何かがあるという気がずっとしていました。たしかに変革と成長には、自分の役割を果たす「協力者」が必要であり、このことは本書の大きなテーマです。しかしそれ以上に、人が愛による行動を実践し始め、他者のために精一杯の努力するとき、人は変わるということを見てきました。それは予想し考えていた以上に、ある部分では大きく変わっていたのです。つまり私は、愛が人を変革するということを確信したのです。

もちろん、この考えは新しいものではありません。偉大な思想家、著述家、哲学者、神学者、そして詩人たちが何千年にもわたって愛の効用を称賛してきました。

私が選んだ信仰は、聖書は神の言葉だと教えています。新約聖書の中で、神について、愛について驚くべき主張があります。それはこうです。「愛することのない者は神を知りません。神は愛だからです」（ヨハネの手紙一 4章8節）。この文の最後の三語（God is Love）に注目してください。「神は愛をもって行動する」とか「神は愛のような方です」とは言っていません。そうではなく、「神は愛だからです」（God is Love）、文字どおりそうなのです。

このよく知られている一節の背後にある神学的、形而上学的な意味を説明することはできません。そういうことは神学者や研究者に任せるのが一番でしょう。しかし、聖書に示されている愛の法則と神のご性質を深く考えるにつれて、かつてヨハネが伝えたかったことを理解できるようになりました。

そして最近、衝撃を受けました。わかっていたことなのですが、もし愛が人を変えるなら、神こそが変革と成長の源であるということです。なぜなら神は愛だからです。別の言い方をすれば、人が努力や行動を通して他者を愛し始めるなら、愛する側と愛される側双方の人生に神は働いてくださるのです。

オズワルド・チェンバースは過去百年において最も洞察力のあるキリスト教思想家の一人ですが、彼の『いと高き方のもとに』（原題：My Utmost for His Highest）という深い黙想用の小冊子は、大統領をはじめ世界中の何百万人もの人々に日々愛読されています。その五月十日の聖書日課において、チェンバースはこのことを覚えておくようにと勧めています。「神がなさることを私たちはできないし、私たちができることを神はなさらない。私たちは自分を救うことも聖めることもできず、ただ神だけがそれをなされる。しかし神は、私たちに良い習慣を与えず、優れた人格も与えず、正しい歩みを与えることもなさらない。これらのことは、私たちが自ら行っていくことである。私たちは、神が始めてくださった救いを達成しなければならないのだ」。

本書が皆さんの行動を呼び覚ますきっかけになることを願っています。もしあなたの心がかき立てられたなら、一日も待つことなく、この地上で最も感動的で困難な、そして大きな報いをもたらす旅路の第一歩を踏み出していただきたいのです。

ジェームズ・ハンター
二〇〇四年二月

別表1　リーダーシップ・スキル　一覧表

管理職の氏名

部署名　　　　　　　　　　　　**役職名**

あてはまる欄にチェックを入れてください。あてはまらなければ空白にしてください。

		とてもそう思う	そう思う	そう思わない	全くそう思わない
1	他者に感謝を表しているか。	□	□	□	□
2	問題が生じたら、その場で対処しているか。	□	□	□	□
3	職場内を巡回し、仕事中の部下に寄り添う時間を持っているか。	□	□	□	□
4	部下を励ましているか。	□	□	□	□
5	部下に業務上期待していることを明確に伝えているか。	□	□	□	□
6	部下の良き聴き手であるか。	□	□	□	□
7	部下の目標達成のために指導、助言をしているか。	□	□	□	□
8	部下に敬意を持って接しているか。(例えば重要人物のように)	□	□	□	□
9	部下の育成に積極的に取り組んでいるか。	□	□	□	□
10	設定された目標を達成するために部下に責任を持たせているか。	□	□	□	□
11	称賛に値する仕事を褒めているか。	□	□	□	□
12	部下に忍耐力と自制心を持っているか。	□	□	□	□
13	部下が安心してついていけるリーダーであるか。	□	□	□	□
14	業務に必要なスキルを持っているか。	□	□	□	□
15	部下の正当な(欲求ではなく)必要を満たしているか。	□	□	□	□
16	部下の過ちを赦し、恨みを持たないでいるか。	□	□	□	□
17	部下から信頼されているか。	□	□	□	□
18	部下を裏切っていないか。(陰口を言う等)	□	□	□	□
19	適宜、部下たちに有益な意見、感想を返しているか。	□	□	□	□
20	部下に恥をかかせたり、他者の前で叱ったりしていないか。	□	□	□	□
21	自己、部下、部署に高い目標を設けているか。	□	□	□	□
22	業務に積極的な姿勢を持っているか。	□	□	□	□
23	自分の決定が他部門におよぼす影響に敏感であるか。	□	□	□	□
24	公平で首尾一貫したリーダーであり、模範となる指導をしているか。	□	□	□	□
25	過剰な管理、過剰な支配をしていないか。	□	□	□	□

評価対象者が持っているリーダーシップの最大の強み、スキルは何か。

(　　　　　　　　　　　　　　　　　　　　　　　　　　　　　　　　)

評価対象者が取り組み、また改善の必要のあるリーダーシップ・スキルは何か。

(　　　　　　　　　　　　　　　　　　　　　　　　　　　　　　　　)

別表２　リーダーシップ・スキルの開発―自己評価

管理職の氏名

部署名　　　　　　　　　　　　**役職名**

あてはまる欄にチェックを入れてください。あてはまらなければ空白にしてください。

		とてもそう思う	そう思う	そう思わない	全くそう思わない
1	私は他者に感謝を表している。	□	□	□	□
2	私は問題が生じたら、その都度部下と相談している。	□	□	□	□
3	私は職場内を巡回し仕事中の部下に寄り添う時間を持っている	□	□	□	□
4	私は部下を励ましている。	□	□	□	□
5	私は部下に業務上期待していることを明確に伝えている。	□	□	□	□
6	私は部下の良き聴き手である。	□	□	□	□
7	私は部下の目標達成に指導・助言をしている。	□	□	□	□
8	私は部下に敬意を持って接している。（例えば重要人物のように）	□	□	□	□
9	私は部下の育成に積極的に取り組んでいる。	□	□	□	□
10	私は設定された目標を達成するために部下に責任を持たせている。	□	□	□	□
11	私は称賛に値する仕事を褒めている。	□	□	□	□
12	私は部下に忍耐力と自制心をもっている。	□	□	□	□
13	私は部下が安心してついていけるリーダーである。	□	□	□	□
14	私は業務を遂行するために必要なスキルを持っている。	□	□	□	□
15	私は部下の正当な（欲求ではなく）必要を満たしている。	□	□	□	□
16	私は部下の過ちを赦し、恨みを持たないでいる。	□	□	□	□
17	私は部下から信頼されている。	□	□	□	□
18	私は部下を裏切っていない。（陰口などを言わない）	□	□	□	□
19	私は適宜、部下に有益な意見、感想を返している。	□	□	□	□
20	私は部下に恥をかかせたり、他者の前で叱ったりしていない。	□	□	□	□
21	私は自己、部下、部署に高い目標を設けている。	□	□	□	□
22	私は業務に積極的な姿勢を持っている。	□	□	□	□
23	私は自分の決定が他者におよぼす影響に敏感である。	□	□	□	□
24	私は公平で首尾一貫したリーダーであり､模範となる指導をしている。	□	□	□	□
25	私は過剰な管理、過剰な支配をしていない。	□	□	□	□

私が持っているリーダーシップの最大の強み、スキルは次のとおり。

（　　　　　　　　　　　　　　　　　　　　　　　　　　　　　　）

私が取り組み、また改善の必要のあるリーダーシップ・スキルは次のとおり。

（　　　　　　　　　　　　　　　　　　　　　　　　　　　　　　）

署名：　　　　　　　　　　　　　　日付：　　　　　　年　　月　　日

別表3　リーダーシップ・スキル開発（例）

管理職の氏名　ウィリアム・ジョンソン

役職名　工場長　返却数：9

	自己評価値	修正値	部下、同僚、上司による評価 回答者数			
	3.8	3.0	とてもそう思う（4点）	そう思う（3点）	そう思わない（2点）	全くそう思わない（0点）
業務に必要なスキルを有しているか。	4	3.7	7	1	1	0
部下から信頼されているか。	4	3.6	5	4	0	0
過剰な管理、支配をしていないか。	4	3.6	5	4	0	0
部下を励ましているか。	4	3.4	4	5	0	0
部下に敬意を払っているか。	4	3.4	4	5	0	0
適宜、有益な意見、感想を返しているか。	4	3.4	4	5	0	0
他者の前で恥をかかせたり、叱責したりしていないか。	4	3.4	4	5	0	0
他者に感謝を表しているか。	4	3.3	3	6	0	0
部下に業務の指示を明確に伝えているか。	4	3.3	3	6	0	0
称賛に値する人を褒めているか。	4	3.3	3	6	0	0
部下を裏切っていないか（陰口を言う等）。	4	3.3	4	4	1	0
良き聴き手であるか。	4	2.7	3	4	0	1
部下が安心してついていけるリーダーであるか。	3	3.1	2	6	1	0
業務において積極的な姿勢を持っているか。	4	3.1	3	4	2	0
部下に忍耐と自制心を持っているか。	4	3.1	4	2	3	0
部下の過ちを赦し、恨みを持たないでいるか。	4	2.7	2	4	2	0
問題が生じたら、その都度部下と相談しているか。	3	2.9	2	4	3	0
職務の目標を達成するために部下に責任を持たせているか。	3	2.7	1	4	4	0
公平で首尾一貫し、予測可能なリーダーであるか。	4	2.7	1	4	4	0
他者の正当な（欲求ではなく）必要に応えているか。	3	2.1	1	3	3	2

表の見方　0.0 ～ 2.3　　緊急に課題に取り組まなければならない。

2.4 ～ 2.7　　課題が潜在している。

2.8 ～ 3.1　　うまくいっている。

3.2 ～ 4.0　　大変うまくいっている。

別表３　リーダーシップ・スキルの開発（例）（続き）

氏名　ウィリアム・ジョンソン（通称ビル）

評価対象者のリーダーシップの最大の強み、スキルは何でしょうか？

「私は一緒に仕事をして監督している部下をよく支えている。私は前向きな人間です。最大の願いは部下が仕事で成功するのを見ることであり、そのためなら何でもするつもりです」

・彼は全ての従業員と心を開いて交流しています。彼にはいつでも連絡がとれます。支援を求めればすぐに対応しています。公正であり、しっかりと意思決定をしています。他者に前向きな姿勢で対応しています。

・社員から要請があれば、他の業務もすすんで引き受けています。

・成功への意欲があります。

・前向きな姿勢、優れた技術力、分析力があり、リレー競技が好きでユーモアを解する心が大いにあります。

・公平で首尾一貫し、一緒に働く人をしっかりと支え、提案や個々の状況に耳を傾けてから決断します。

・部下が問題を持っていると一緒に解決する能力が高いです。部下を教えるのに忍耐強いです。

・ビルは同僚にも部下にも優れた対応をしてくれます。彼はやる気を起こさせる人です。その楽しい人柄で部署の士気を高めています。

・他人の気持ちをよくわかってくれる人で、部下は彼の下で働くことを楽しんでいます。

評価対象者は、今後の成長のためにどのようなリーダーシップ・スキルに取り組み改善する必要があるでしょうか？

「私は会議中に怒りで取り乱したときに感情をコントロールする必要があります。周囲に良い印象を与え敬意を得ることによって、上司から信頼を得る必要があります」

・部下に自分の予定、変更を知らせ、部下の問題を話し合うときはより慎重であってほしいです。

・席にいて見守る以外に何をすればいいのか尋ねてください。（作業をする必要がある場合）

・部下に責任を持たせてください。

・公平であってください、全ての人を公平に扱って特定の人をえこひいきしないでください。

・仕事の成果が不十分な場合に、他人に責任を押しつけないでください。いつも良い人を演じようとしてちょっとした茶番で発散し、負の感情を表す傾向があります。

・ある人が何か良くないことをしてそれを誰かが注進しても、えこひいきをして対処しないことがあります。

・一貫性、忍耐力、チームメンバーが適切に仕事をするための知識などを持ってほしいです。業務を部下に代わってやるのではありません。管理職としてしっかりと一線を画すこと、友人に対する管理職ではありません。

・説明責任については、部下に業務の期限を遵守するように指導していません。

別表4　SMARTによる行動計画（例）

氏名　　　　　　　　　　　役職　　　　　　　　　　　　日付

Specific（具体性）

目的、目標を決めどのように具体的な期間内にこの目標に到達するのか記載してください。

（事例：私は部下にもっと心からの感謝を表す。１日に少なくとも２人の部下に具体的に感謝を表したい。）

目的、目標と達成方法を述べてください。

Measurable（測定可能）

改善、進捗をどのように確認し、測定するかを述べてください。

（事例：感謝した人の氏名と内容を電子手帳に記載して記録しておきます。）

目標達成をどのように確認するのか述べてください。

Achievable（達成可能）

それが現実的で達成可能な目標であり、かつ自分にとって「伸びしろ」ある目標であるかを述べてください。

（事例：人に感謝を伝えることは私にとって決して簡単なことではありませんが1日2回なら「可能」です。）

この目標の「伸びしろ」と「達成可能性」について述べてください。

Relevant（関連性）

あなたの目的が組織の目的を達成するために適切である理由を述べてください。

（事例：心からの感謝を受けることは人間の正当な要求であり、私のリーダーとしての役割は人の正当な要求に応えることです。この点は私の弱点であり、改善しなければならない点です。）

あなたの目標が適切である理由を述べてください。

Time-Bound（期限）

目標とする期限を述べてください。

（事例：今後10月1日から12月末日までの約90日間、毎日進捗を測ります。）

測定可能な行動の時間的枠組みを書いてください。

※一つの目標につき一つのSMART行動計画を作成してください。必要に応じて紙面を追加してください。

謝辞

多くの貴重な意見を寄せてくださった読者の方々に感謝します。

私と家族に愛と支援のコミュニティを提供してくださったファースト・バプテスト教会の皆さんに感謝します。

長年にわたって愛を注ぎ、支援し続けてくれた両親、ジャック・ハンターとフィリス・ハンターに感謝します。

愛娘レイチェルの存在と、彼女をとおして私の人生にもたらされた豊かな恵みに感謝します。

最後に、人生のパートナーであり、親友であり、妻であるデニスに感謝します。彼女なくしてこの本の出版も、ほとんど不可能でした。

【著 者】 **ジェームズ・ハンター** James C. Hunter

リーダーシップ研修とコンサルティングを行うJ. D. Hunter Associatesの主席コンサルタント。サーバント・リーダーシップと共同体形成の分野において講演者、トレーナーとして人気を博す。おもなクライアントにはアメリカン・エクスプレス、ネッスル、P＆Gなどの有名企業があり、アメリカ空軍もその一つ。代表作『The Servant』（邦訳『サーバント・リーダー』）を含む３冊の著書は世界で550万部のベストセラーとなっている。

【訳 者】 **嵯峨根 克人**（さがね・かつと）

1952年、京都府生まれ。1976年、関西学院大学法学部卒業。同年、学校法人関西学院事務職員。秘書課長、法人部次長、評議員を経て2018年退職。藤沢周平作品の愛読者。

【監訳者】 **豊田 信行**（とよだ・のぶゆき）

1964年、大阪府生まれ。Portland Bible College卒業。Spring Arbor University of arts in Spiritual Formation and Leadership修了。ニューライフキリスト教会（大阪府島本町）牧師。企業や教会においてサーバント・リーダーシップを教える。著書に『父となる旅路』『夫婦となる旅路』（共に、いのちのことば社）などがある。

サーバント・リーダーシップの原則
—権力によらないリーダーシップ—

2024年12月24日　第１刷発行

著　者：ジェームズ・ハンター

訳　者：嵯峨根 克人

監訳者：豊田 信行

装丁者：嘉手苅 昭《あき》

カバーイラスト：金子 麻美

発行者：谷口 和一郎

発行所：地引網出版

〒350-0303　埼玉県比企郡鳩山町熊井170
TEL 049-299-4812　FAX049-299-4813
info@revival.co.jp　https://www.jibikiami-book.jp

組　版　株式会社アイプレス

印刷所　（宗）ニューライフ・ミニストリーズ　新生宣教団

万一、落丁・乱丁の場合は送料当方負担でお取り替えいたします。上記住所までお送りください。

ISBN978-4-901634-55-7